4주 완성

독해력

4 단계

초등 3~4학년 권장

정답과 해설은 EBS 초등사이트(primary.ebs.co.kr)에서 내려받으실 수 있습니다.

교 재 내 용 문 의 교재 내용 문의는 EBS 초등사이트 (primary.ebs.co.kr)의 교재 Q&A 서비스를 활용하시기 바랍니다.

교 재 정 오 표 공 지 발행 이후 발견된 정오 사항을 EBS 초등사이트 정오표 코너에서 알려 드립니다. 교재 검색 ▶ 교재 선택 ▶ 정오표

교 재 정 정 신 청 공지된 정오 내용 외에 발견된 정오 사항이 있다면 EBS 초등사이트를 통해 알려 주세요. 교재 검색 ▶ 교재 선택 ▶ 교재 Q&A

4주 완성 독해력

4 단계

초등 3~4학년 권장

4주 완성 독해력은

국어과 교육 과정의 읽기 내용 체계를 바탕으로 구성하였습니다.

이 주의 학습 내용

한 주 동안 학습할 글들의 제목과 글에 대한 설명을 미리 살펴볼 수 있습니다. 학습 완료일과 맞은 문제 수를 적어 보세요. 완료 후 부모님이나 선생님께 확인을 받을 수 있습니다.

지문 & 어휘

국어, 수학, 사회, 과학 등 여러 교과의 다양한 주제를 담은 지문과 함께 글 이해에 도움이 되는 어려운 낱말을 모아 뜻을 제시하였습니다.

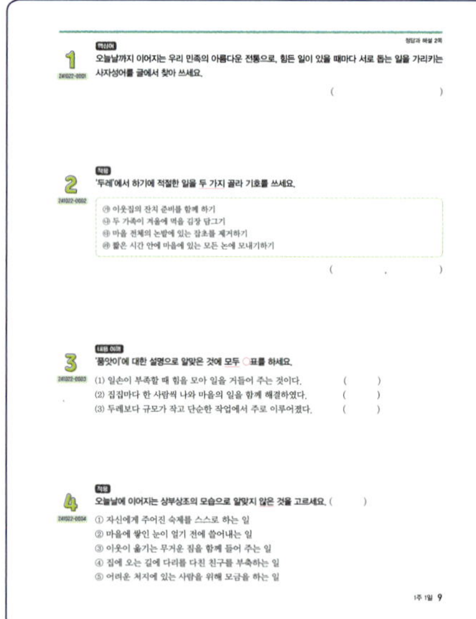

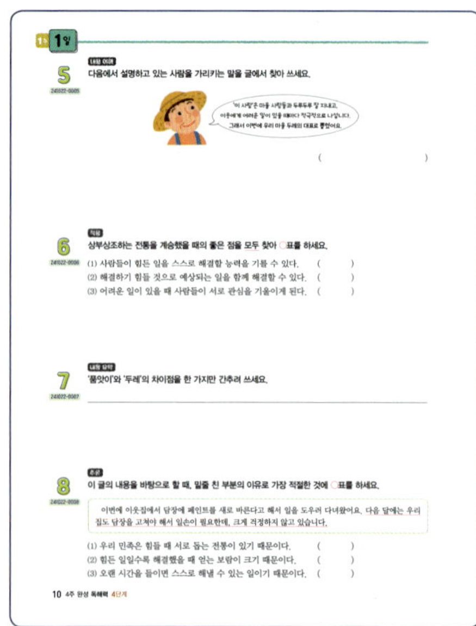

지문 문제

지문을 읽고 내용 이해, 내용 요약, 중심 내용, 어휘, 핵심어, 비교, 구분, 분류, 추론, 적용 등 다양한 문제를 풀면서 독해력을 늘릴 수 있습니다.

❀ 국어 외에도 수학, 사회, 과학 등 여러 교과의 다양한 주제를 담은 지문으로 구성하였습니다.

❀ 간편한 구성에 해설 강의까지 있어 혼자서도 학습하기 쉽습니다.

❀ 하루 4쪽 4주 구성으로 규칙적인 학습이 가능하여 좋은 독해 습관을 기를 수 있습니다.

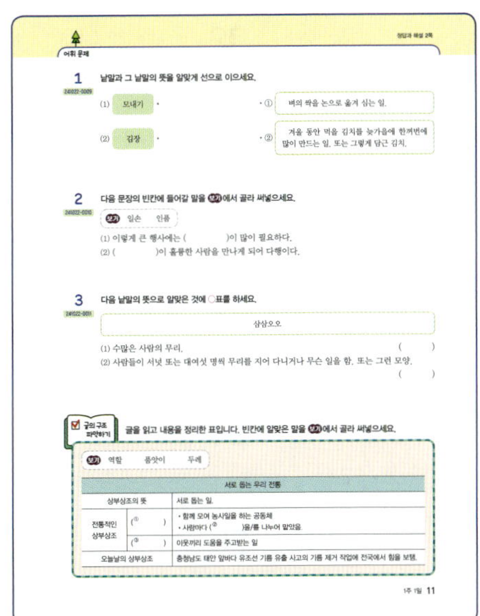

어휘 문제 & 글의 구조 파악하기

글의 내용을 이해하는 데 중요한 어휘에 대해 문제를 풀며 공부할 수 있습니다. 마지막으로 글의 구조를 파악하며 지문의 내용을 요약할 수 있습니다.

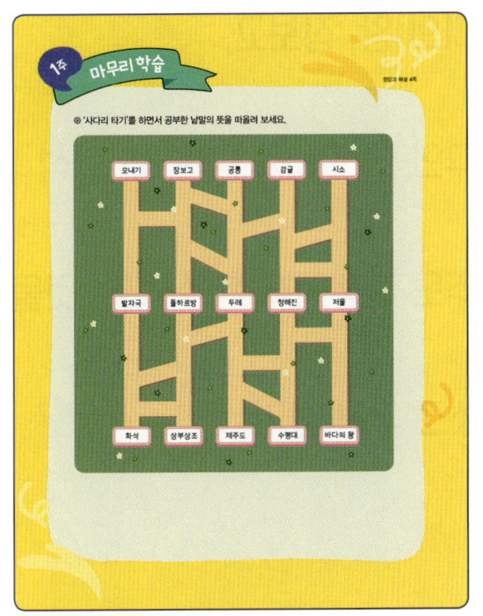

마무리 학습

길 찾기, 사다리 타기, 낱말 찾기, 십자말 풀이 등 재미있는 활동을 통해 한 주 동안 배운 내용을 다시 떠올릴 수 있습니다.

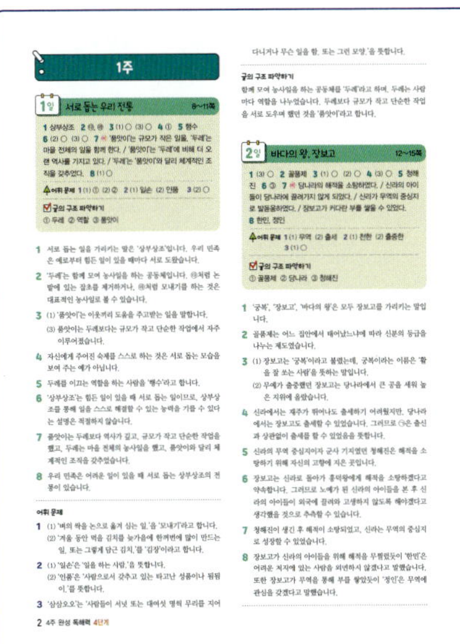

정답과 해설

정답과 해설을 분리 구성하여 편리하게 확인할 수 있습니다.

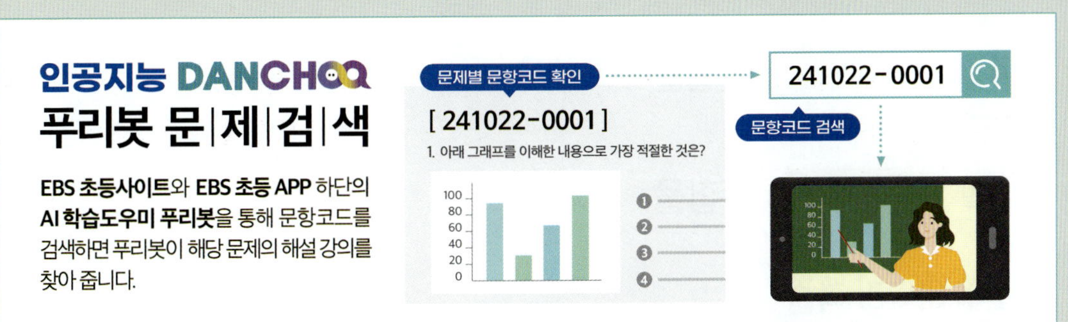

차례

학습 방법

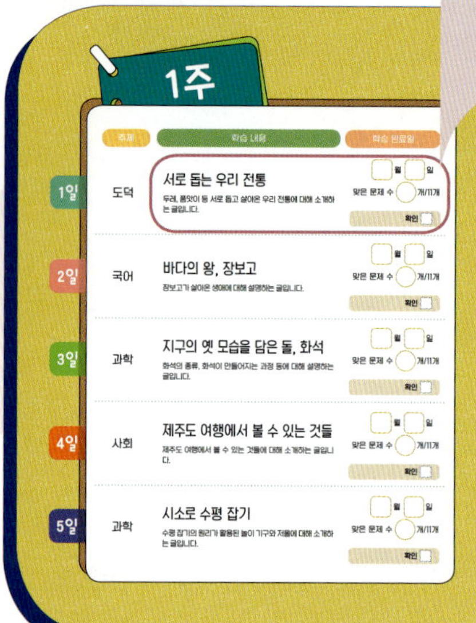

① 일별 **학습 내용**을 천천히 읽은 뒤,
예상 **학습 완료일**을 적어 보세요.

② 제목과 함께 지문의 내용을
읽으며 중요하다고 생각한
내용에 밑줄을 그어 보세요.

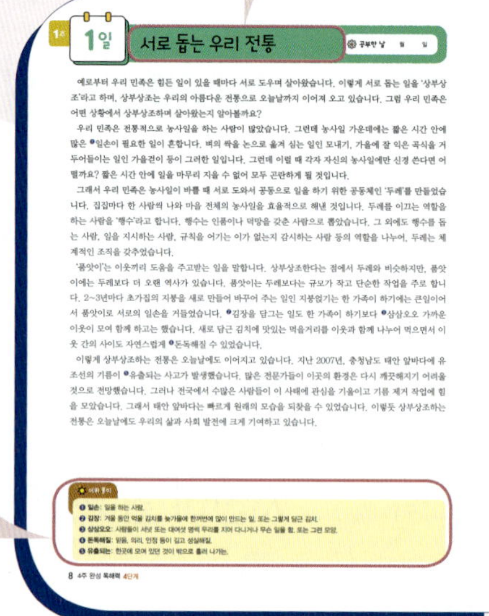

③ 모르는 낱말에 체크를 한 뒤 지문 아래 **어휘 풀이**
에서 그 뜻을 찾아보세요. 만약 **어휘 풀이**에서 찾
을 수 없다면 국어사전을 이용해 보세요.

④ **내용 이해, 내용 요약, 중심 내용, 어휘, 핵심어,
비교, 구분, 분류, 추론, 적용** 등으로 구성된 문제를
풀어 보며 지문의 내용을 깊이 이해해 보세요.

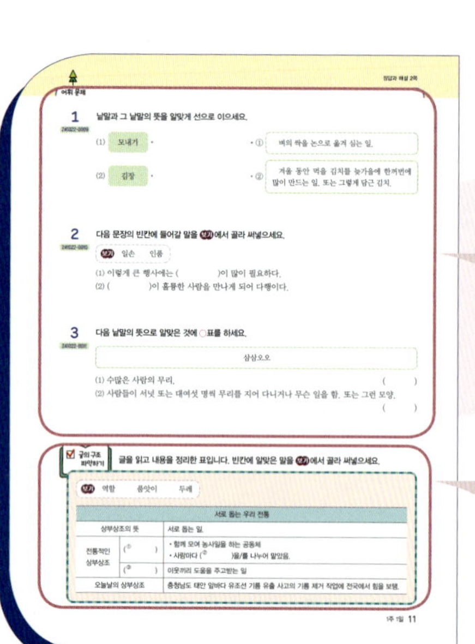

⑤ **어휘 문제**를 풀며 어휘가 어떻게
사용될 수 있는지 확인해 보세요.

⑥ 지문의 내용이 충분히 이해가 되었다면,
글의 구조 파악하기를 통해 빈칸을 채우
면서 내용을 정리해 보세요.

1주

주제	학습 내용	학습 완료일

1일

도덕

서로 돕는 우리 전통

두레, 품앗이 등 서로 돕고 살아온 우리 전통에 대해 소개하는 글입니다.

☐ 월 ☐ 일 　맞은 문제 수 ◯ 개/11개 　확인 ☐

2일

국어

바다의 왕, 장보고

장보고가 살아온 생애에 대해 설명하는 글입니다.

☐ 월 ☐ 일 　맞은 문제 수 ◯ 개/11개 　확인 ☐

3일

과학

지구의 옛 모습을 담은 돌, 화석

화석의 종류, 화석이 만들어지는 과정 등에 대해 설명하는 글입니다.

☐ 월 ☐ 일 　맞은 문제 수 ◯ 개/11개 　확인 ☐

4일

사회

제주도 여행에서 볼 수 있는 것들

제주도 여행에서 볼 수 있는 것들에 대해 소개하는 글입니다.

☐ 월 ☐ 일 　맞은 문제 수 ◯ 개/11개 　확인 ☐

5일

과학

시소로 수평 잡기

수평 잡기의 원리가 활용된 놀이 기구와 저울에 대해 소개하는 글입니다.

☐ 월 ☐ 일 　맞은 문제 수 ◯ 개/11개 　확인 ☐

서로 돕는 우리 전통

　예로부터 우리 민족은 힘든 일이 있을 때마다 서로 도우며 살아왔습니다. 이렇게 서로 돕는 일을 '상부상조'라고 하며, 상부상조는 우리의 아름다운 전통으로 오늘날까지 이어져 오고 있습니다. 그럼 우리 민족은 어떤 상황에서 상부상조하며 살아왔는지 알아볼까요?

　우리 민족은 전통적으로 농사일을 하는 사람이 많았습니다. 그런데 농사일 가운데에는 짧은 시간 안에 많은 ❶일손이 필요한 일이 흔합니다. 벼의 싹을 논으로 옮겨 심는 일인 모내기, 가을에 잘 익은 곡식을 거두어들이는 일인 가을걷이 등이 그러한 일입니다. 그런데 이럴 때 각자 자신의 농사일에만 신경 쓴다면 어떨까요? 짧은 시간 안에 일을 마무리 지을 수 없어 모두 곤란하게 될 것입니다.

　그래서 우리 민족은 농사일이 바쁠 때 서로 도와서 공동으로 일을 하기 위한 공동체인 '두레'를 만들었습니다. 집집마다 한 사람씩 나와 마을 전체의 농사일을 효율적으로 해낸 것입니다. 두레를 이끄는 역할을 하는 사람을 '행수'라고 합니다. 행수는 인품이나 덕망을 갖춘 사람으로 뽑았습니다. 그 외에도 행수를 돕는 사람, 일을 지시하는 사람, 규칙을 어기는 이가 없는지 감시하는 사람 등의 역할을 나누어, 두레는 체계적인 조직을 갖추었습니다.

　'품앗이'는 이웃끼리 도움을 주고받는 일을 말합니다. 상부상조한다는 점에서 두레와 비슷하지만, 품앗이에는 두레보다 더 오랜 역사가 있습니다. 품앗이는 두레보다는 규모가 작고 단순한 작업을 주로 합니다. 2~3년마다 초가집의 지붕을 새로 만들어 바꾸어 주는 일인 지붕엇기는 한 가족이 하기에는 큰일이어서 품앗이로 서로의 일손을 거들었습니다. ❷김장을 담그는 일도 한 가족이 하기보다 ❸삼삼오오 가까운 이웃이 모여 함께 하고는 했습니다. 새로 담근 김치에 맛있는 먹을거리를 이웃과 함께 나누어 먹으면서 이웃 간의 사이도 자연스럽게 ❹돈독해질 수 있었습니다.

　이렇게 상부상조하는 전통은 오늘날에도 이어지고 있습니다. 지난 2007년, 충청남도 태안 앞바다에 유조선의 기름이 ❺유출되는 사고가 발생했습니다. 많은 전문가들이 이곳의 환경은 다시 깨끗해지기 어려울 것으로 전망했습니다. 그러나 전국에서 수많은 사람들이 이 사태에 관심을 기울이고 기름 제거 작업에 힘을 모았습니다. 그래서 태안 앞바다는 빠르게 원래의 모습을 되찾을 수 있었습니다. 이렇듯 상부상조하는 전통은 오늘날에도 우리의 삶과 사회 발전에 크게 기여하고 있습니다.

🌟 어휘 풀이

❶ **일손**: 일을 하는 사람.
❷ **김장**: 겨울 동안 먹을 김치를 늦가을에 한꺼번에 많이 만드는 일. 또는 그렇게 담근 김치.
❸ **삼삼오오**: 사람들이 서넛 또는 대여섯 명씩 무리를 지어 다니거나 무슨 일을 함. 또는 그런 모양.
❹ **돈독해질**: 믿음, 의리, 인정 등이 깊고 성실해질.
❺ **유출되는**: 한곳에 모여 있던 것이 밖으로 흘러 나가는.

1 
241022-0001

핵심어

오늘날까지 이어지는 우리 민족의 아름다운 전통으로, 힘든 일이 있을 때마다 서로 돕는 일을 가리키는 사자성어를 글에서 찾아 쓰세요.

(   )

2
241022-0002

적용

'두레'에서 하기에 적절한 일을 <u>두 가지</u> 골라 기호를 쓰세요.

> ㉮ 이웃집의 잔치 준비를 함께 하기
> ㉯ 두 가족이 겨울에 먹을 김장 담그기
> ㉰ 마을 전체의 논밭에 있는 잡초를 제거하기
> ㉱ 짧은 시간 안에 마을에 있는 모든 논에 모내기하기

(,   )

3
241022-0003

내용 이해

'품앗이'에 대한 설명으로 알맞은 것에 <u>모두</u> ○표를 하세요.

(1) 일손이 부족할 때 힘을 모아 일을 거들어 주는 것이다.　　（　　　）
(2) 집집마다 한 사람씩 나와 마을의 일을 함께 해결하였다.　　（　　　）
(3) 두레보다 규모가 작고 단순한 작업에서 주로 이루어졌다.　　（　　　）

4 
241022-0004

적용

오늘날에 이어지는 상부상조의 모습으로 알맞지 <u>않은</u> 것을 고르세요. （　　　）

① 자신에게 주어진 숙제를 스스로 하는 일
② 마을에 쌓인 눈이 얼기 전에 쓸어내는 일
③ 이웃이 옮기는 무거운 짐을 함께 들어 주는 일
④ 집에 오는 길에 다리를 다친 친구를 부축하는 일
⑤ 어려운 처지에 있는 사람을 위해 모금을 하는 일

내용 이해

5 다음에서 설명하고 있는 사람을 가리키는 말을 글에서 찾아 쓰세요.

241022-0005

(   )

적용

6 상부상조하는 전통을 계승했을 때의 좋은 점을 <u>모두</u> 찾아 ○표를 하세요.

241022-0006

(1) 사람들이 힘든 일을 스스로 해결할 능력을 기를 수 있다.　(　　　)

(2) 해결하기 힘들 것으로 예상되는 일을 함께 해결할 수 있다.　(　　　)

(3) 어려운 일이 있을 때 사람들이 서로 관심을 기울이게 된다.　(　　　)

내용 요약

7 '품앗이'와 '두레'의 차이점을 한 가지만 간추려 쓰세요.

241022-0007

____

____

추론

8 이 글의 내용을 바탕으로 할 때, 밑줄 친 부분의 이유로 가장 적절한 것에 ○표를 하세요.

241022-0008

> 이번에 이웃집에서 담장에 페인트를 새로 바른다고 해서 일을 도우러 다녀왔어요. <u>다음 달에는 우리 집도 담장을 고쳐야 해서 일손이 필요한데, 크게 걱정하지 않고 있습니다.</u>

(1) 우리 민족은 힘들 때 서로 돕는 전통이 있기 때문이다.　(　　　)

(2) 힘든 일일수록 해결했을 때 얻는 보람이 크기 때문이다.　(　　　)

(3) 오랜 시간을 들이면 스스로 해낼 수 있는 일이기 때문이다.　(　　　)

어휘 문제

1 낱말과 그 낱말의 뜻을 알맞게 선으로 이으세요.

241022-0009

(1) 모내기 •

(2) 김장 •

• ① 벼의 싹을 논으로 옮겨 심는 일.

• ② 겨울 동안 먹을 김치를 늦가을에 한꺼번에 많이 만드는 일. 또는 그렇게 담근 김치.

2 다음 문장의 빈칸에 들어갈 말을 **보기** 에서 골라 써넣으세요.

241022-0010

보기 일손   인품

(1) 이렇게 큰 행사에는 (   )이 많이 필요하다.
(2) (   )이 훌륭한 사람을 만나게 되어 다행이다.

3 다음 낱말의 뜻으로 알맞은 것에 ◯표를 하세요.

241022-0011

삼삼오오

(1) 수많은 사람의 무리.   (   )
(2) 사람들이 서넛 또는 대여섯 명씩 무리를 지어 다니거나 무슨 일을 함. 또는 그런 모양.
                                                                      (   )

 **글의 구조 파악하기** 글을 읽고 내용을 정리한 표입니다. 빈칸에 알맞은 말을 **보기** 에서 골라 써넣으세요.

보기 역할   품앗이   두레

서로 돕는 우리 전통		
상부상조의 뜻		서로 돕는 일.
전통적인 상부상조	(①)	• 함께 모여 농사일을 하는 공동체 • 사람마다 (②)을/를 나누어 맡았음.
	(③)	이웃끼리 도움을 주고받는 일
오늘날의 상부상조		충청남도 태안 앞바다 유조선 기름 유출 사고의 기름 제거 작업에 전국에서 힘을 보탬.

바다의 왕, 장보고

궁복은 신라 시대에 가난한 뱃사공의 아들로 태어났습니다. 신라 시대에 '궁복'이라는 말은 '활을 잘 쏘는 사람'을 의미하기도 하였습니다. 그만큼 궁복은 활을 잘 다루는 아이였습니다. 또한 그는 무예가 뛰어났으며, 수영 실력도 ❶출중했습니다. 그런데 신라에는 '골품제'라고 하는 신분 제도가 있었습니다. 골품제는 어느 집안에서 태어났느냐에 따라 신분의 등급을 나누는 제도였습니다. ❷천한 신분의 집안에서 태어난 궁복은 뛰어난 재주가 있었지만 신라에서는 ❸출세하기가 어려운 처지였습니다.

이를 알고 있었던 궁복은 당나라로 건너가 당나라의 군인이 되었습니다. 당시 당나라는 신라와 달리 ㉠신분의 ❹제약이 덜했기 때문입니다. 이 시기에 그는 이름도 '장보고'라고 바꾸게 됩니다. 장보고가 활동했던 시기의 당나라는 나라 안에 크고 작은 ❺반란이 자주 일어나 많은 군사를 필요로 했습니다. 무예가 출중했던 장보고는 전쟁터를 누비며 큰 공을 세웠으며, 당나라에서 높은 지위에 오를 수 있었습니다.

그런데 어느 날 장보고는 웬 아이들이 힘겨운 일을 하는 장면을 발견했습니다. 그리고 이들이 신라에서 살다가 당나라의 해적들에게 잡혀 와 노예가 된 아이들이라는 것을 알게 되었습니다. ㉡이에 깊은 고민에 빠진 장보고는 당나라에서 얻은 높은 벼슬을 포기하고 신라로 돌아가기로 결심했습니다. 그리고 당시 신라의 왕인 흥덕왕을 찾아가 자신에게 군사를 내어 주면 해적들을 모두 ❻소탕하겠다고 약속했습니다. 흥덕왕으로부터 군사를 받은 장보고는 자신의 고향이기도 한 완도에 갔습니다. 그리고 그곳에 군사 기지인 청해진을 짓고 약속대로 해적을 소탕했습니다.

장보고는 신라의 백성들에게 평화를 되찾아 주었을 뿐만 아니라, 이곳을 오가는 상인들도 안전하게 보호했습니다. 그러면서 신라는 당나라, 일본 사이에서 ❼무역의 중심지로 발돋움할 수 있었습니다. 멀리 아라비아의 상인들까지 신라에 들어와 무역에 참여하기도 했습니다. 장보고는 무역에 적극적으로 참여하여 커다란 부를 쌓을 수 있었습니다. 이러한 활약 덕분에 그는 오늘날까지도 '바다의 왕'이라는 별명으로 불리며 널리 명성을 떨치고 있습니다.

⭐ 어휘 풀이

❶ **출중했습니다**: 여러 사람 가운데서 특히 뛰어났습니다.
❷ **천한**: 사회적 위치나 신분 등이 낮은.
❸ **출세하기가**: 사회적으로 높은 지위에 오르거나 유명하게 되기가.
❹ **제약**: 조건을 붙여 내용을 제한함. 또는 그 조건.
❺ **반란**: 정부나 지도자 등에 반대하여 공격하거나 싸움을 일으킴.
❻ **소탕하겠다고**: 휩쓸어 죄다 없애 버리겠다고.
❼ **무역**: 나라와 나라 사이에 서로 물건을 사고파는 일.

내용 이해

1

241022-0012

다음 중 가리키는 대상이 <u>다른</u> 것에 ◯표를 하세요.

(1) 궁복 　　　 (　　　　)

(2) 장보고 　　 (　　　　)

(3) 흥덕왕 　　 (　　　　)

(4) 바다의 왕 　(　　　　)

핵심어

2

241022-0013

어느 집안에서 태어났느냐에 따라 신분의 등급을 나누는 제도로, 신라 시대의 신분 제도를 가리키는 말을 글에서 찾아 쓰세요.

(　　　　　　　　　　　　　　　)

내용 이해

3

241022-0014

장보고에 대한 설명으로 알맞은 것에 모두 ◯표를 하세요.

(1) 활을 잘 쏘는 사람을 뜻하는 이름으로 불렸다. 　　　(　　　　)

(2) 무예 실력을 발휘해 당나라에서 높은 지위에 올랐다. (　　　　)

(3) 당나라의 군인이 되어 신라의 해적을 모두 소탕했다. (　　　　)

추론

4

241022-0015

장보고의 삶을 바탕으로 할 때, ㉠의 구체적인 의미로 알맞은 것에 ◯표를 하세요.

(1) 좋은 집안 출신이면 출세하기가 쉬웠기 때문입니다. 　　　　　(　　　　)

(2) 좋은 집안 출신이 아니라면 출세할 방법이 없었기 때문입니다. 　(　　　　)

(3) 좋은 집안 출신이 아니더라도 출세를 할 수 있었기 때문입니다. （　　　　)

내용 이해

5
241022-0016

다음에서 설명하는 낱말을 글에서 찾아 쓰세요.

> • 신라 시대의 무역 중심지이다.
> • 장보고가 그의 고향에 지은 군사 기지이다.
> • 장보고가 해적을 소탕하기 위해 만든 곳이다.

(   )

추론

6
241022-0017

ⓛ에서 추측할 수 있는 장보고의 생각으로 가장 알맞은 것을 고르세요. (   )

① 신라의 아이들이 당나라에서 성공할 수 있도록 도와야겠다.
② 신라의 아이들이 당나라에서 차별받지 않고 살도록 해야겠다.
③ 신라의 아이들이 당나라에 끌려와 고생하지 않도록 해야겠다.
④ 당나라의 군인으로서 당나라를 위해 할 수 있는 일을 찾아야겠다.
⑤ 당나라의 해적들을 설득하여 신라의 아이들을 돌려보내도록 해야겠다.

내용 요약

7
241022-0018

장보고가 청해진을 설치함으로써 생긴 이득을 한 가지만 간추려 쓰세요.

____

적용

8
241022-0019

친구들의 생각을 읽고, 장보고의 삶에 대해 잘 이해한 두 친구의 이름을 쓰세요.

> 상민: 나는 장보고처럼 앞으로 어떤 어려움이 있어도 우리나라를 떠나지 말아야겠다고 생각했어.
> 한민: 나는 장보고가 그랬듯이 어려운 처지에 있는 사람들을 외면하지 않고 도와야겠다고 생각했어.
> 정인: 나는 장보고를 본받아서 여러 나라 사이에 이루어지는 무역에 관심을 가져야겠다고 생각했어.

(,   )

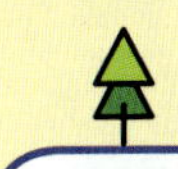

어휘 문제

1 다음을 읽고 어떤 낱말의 뜻인지 글에서 찾아 쓰세요.

241022-0020

(1) 나라와 나라 사이에 서로 물건을 사고파는 일. → (   )

(2) 사회적으로 높은 지위에 오르거나 유명하게 됨. → (   )

2 다음 문장의 빈칸에 들어갈 말을 **보기**에서 골라 써넣으세요.

241022-0021

> **보기** 천한   출중한

(1) 예전에는 소나 돼지를 잡는 백정을 (   ) 신분으로 생각해 무시했다.

(2) 누구도 해결하지 못한 문제를 해결하여 능력이 (   ) 사람으로 인정받았다.

3 다음 뜻을 가진 낱말로 알맞은 것에 ○표를 하세요.

241022-0022

> 정부나 지도자 등에 반대하여 공격하거나 싸움을 일으킴.

(1) 반란   (   )   (2) 소탕   (   )

글의 구조 파악하기 글을 읽고 내용을 정리한 표입니다. 빈칸에 알맞은 말을 **보기**에서 골라 써넣으세요.

> **보기** 청해진   당나라   골품제

바다의 왕, 장보고	
어린 시절의 장보고	• '활을 잘 쏘는 사람'을 뜻하는 말인 궁복이라 불렸음. • (①)이/가 있었던 신라에서 출세하기 어려웠음.
당나라에 건너간 장보고	• 군인이 되어 높은 지위에 오름. • (②)의 해적들에게 잡혀 온 신라 아이들을 발견하고 신라로 돌아가기로 함.
신라로 돌아온 장보고	• 군사 기지인 (③)을/를 짓고 해적을 소탕함. • 신라가 무역의 중심지로 발돋움함.

지구의 옛 모습을 담은 돌, 화석

'화석'은 옛날에 살았던 생물의 몸체나 흔적이 암석이나 ❶지층 속에 남아 있는 것을 말합니다. 여기서 '옛날'은 지금으로부터 약 1만 년 이전의 시기를 말하는데, 이때는 인류의 역사가 시작된 시기이기도 합니다. 그래서 화석을 살펴보면 인류의 역사가 시작되기 전에 지구에는 어떤 생명체가 살았는지, 환경은 어떠했는지 알 수 있습니다.

화석은 크게 두 가지 종류로 나누어 볼 수 있습니다. 첫째는 생물의 몸체가 화석으로 된 것입니다. 이러한 종류의 화석에는 나뭇잎 화석이나 나무 화석, 물고기 화석, 공룡 화석 등이 있습니다. 둘째는 생물의 흔적이 화석으로 된 것입니다. 공룡 발자국 화석이나 벌레 등이 기어간 자국 화석 등이 이에 해당합니다.

이러한 화석은 어떤 과정을 통해 만들어질까요? 생물의 몸체로 된 화석의 경우, 우선 죽은 생물의 몸체 위로 자갈, 모래, 흙 등의 ❷퇴적물이 쌓여야 합니다. 그렇지 않다면 다른 동물에 의해서 뼈가 깨지고 부서질 수 있으며, 비나 바람에 의해 뼈가 깎여 나가거나 망가질 것입니다. 이렇게 묻힌 생물의 몸체 중 동물의 뼈, 조개껍데기, 식물의 줄기 등과 같이 단단한 부분이 돌멩이처럼 굳어지며 화석이 됩니다. 동물의 발자국이나 벌레 등이 기어간 자국의 경우, 진흙땅처럼 부드러운 곳에 자국이 찍힌 후 땅이 마르면서 그 형태가 잘 남아야 합니다. 그 위로 많은 퇴적물이 쌓이고 오랜 시간을 거쳐 단단하게 굳어지면 화석이 됩니다.

위와 같은 조건을 모두 갖추고 어떤 생물이 화석으로 남게 되는 것은 쉬운 일이 아닙니다. 생물이 죽은 후에 다른 동물에게 발견되면 몸체가 ❸훼손되기 쉽고, 바로 흙에 덮이더라도 지하수에 녹아 흔적도 없이 사라지기도 합니다. 게다가 많은 고생물학자들은 화석이 만들어지는 데 최소 1만 년의 시간이 필요하다고 보고 있습니다. 그 사이 ❹마그마 등의 열에 ❺노출되거나 높은 ❻압력을 받아도 화석이 될 수 없습니다.

우리나라에도 각지에서 여러 화석이 발견됩니다. 이를 통해 우리나라의 옛 모습을 떠올려 볼 수 있습니다. ㉠경상남도 고성은 1천 8백여 개의 공룡 발자국이 발견된 곳으로, 세계 3대 공룡 발자국 화석지로 유명합니다. 이는 우리나라에 수많은 공룡이 살았음을 보여 줍니다. 한편 강원도 영월에는 산호 화석이 발견되는데, 이곳이 예전에는 산호가 살 수 있을 정도로 따뜻한 바다였음을 알게 해 줍니다.

✦ 어휘 풀이

❶ **지층**: 자갈, 모래, 진흙, 화산재 등이 오랜 시간 동안 쌓여 이루어진 층.
❷ **퇴적물**: 흙이나 죽은 생물의 뼈 등이 물이나 바람, 빙하 등에 의해 운반되어 땅의 표면에 쌓인 물질.
❸ **훼손되기**: 무너지거나 깨져 상하게 되기.
❹ **마그마**: 땅속 깊은 곳에서 암석이 녹아서 만들어진 뜨거운 액체.
❺ **노출되거나**: 감추어져 있는 것이 남이 보거나 알 수 있도록 겉으로 드러나거나.
❻ **압력**: 누르는 힘.

1 〔핵심어〕
241022-0023

지금으로부터 약 1만 년 이전에 살았던 생물의 몸체나 흔적이 암석이나 지층 속에 남아 있는 것을 가리키는 말을 글에서 찾아 쓰세요.

(   )

2 〔분류〕
241022-0024

다음 화석을 기준에 따라 알맞게 나누어 기호를 쓰세요.

> ㉮ 나뭇잎 화석   ㉯ 나무 화석   ㉰ 벌레가 기어간 자국 화석
> ㉱ 공룡 발자국 화석   ㉲ 공룡 화석

(1) 생물의 몸체로 된 화석: (,   ,   )
(2) 생물의 흔적으로 된 화석: (,   )

3 〔내용 이해〕
241022-0025

화석이 만들어지는 과정에 알맞게 순서대로 기호를 쓰세요.

㉮  ㉯ 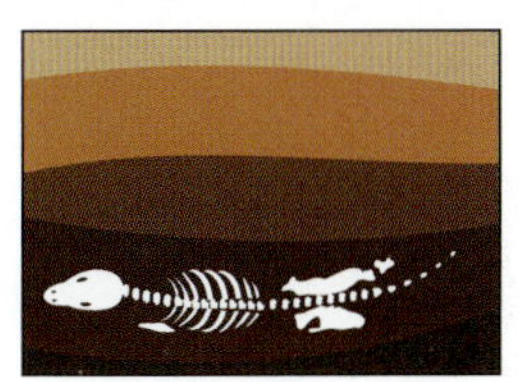 ㉰  ㉱ 

(   ) → (   ) → (   ) → (   )

4 〔추론〕
241022-0026

㉠을 읽고 떠올린 생각으로 알맞은 것에 모두 ○표를 하세요.

(1) 예전에 고성에서 공룡이 살았음을 알 수 있군.   (   )
(2) 공룡의 발자국이 생긴 후에 많은 비가 내렸겠군.   (   )
(3) 발자국 위로 많은 퇴적물이 쌓여 단단히 굳었겠군.   (   )

내용 이해

5 다음 내용은 무엇에 대한 설명인지 글에서 찾아 쓰세요.

241022-0027

> • 자갈, 모래, 흙 등이 운반되어 쌓인 것이다.
> • '이것'이 생물의 몸체나 흔적 위에 쌓여야 화석이 될 수 있다.

(   )

적용

6 다음 중 화석에 해당하는 것에 ○표를 하세요.

241022-0028

(1) 100년 전에 묻혔다가 발견된 동물의 뼈 (   )

(2) 원시인들이 사용하다가 땅에 묻혀 있던 돌도끼 (   )

(3) 2만 년 전에 묻혔다가 오랜 세월 굳어진 조개껍데기 (   )

내용 요약

7 화석 연구를 통해 알 수 있는 사실을 한 가지만 간추려 쓰세요.

241022-0029

____

적용

8 죽은 생물의 몸체가 화석이 되기 위해 피해야 할 것을 <u>모두</u> 골라 기호를 쓰세요.

241022-0030

> ㉮ 지하에 흐르는 시원한 물
> ㉯ 마그마에서 전해지는 뜨거운 열
> ㉰ 죽은 생물의 몸체 위에 덮이는 흙
> ㉱ 생물의 흔적이 단단히 굳어지기 위한 시간
> ㉲ 죽은 생물의 몸체를 망가뜨릴 다른 생물의 등장

(,   ,   )

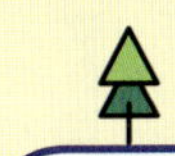

어휘 문제

1

241022-0031

낱말과 그 낱말의 뜻을 알맞게 선으로 이으세요.

(1) 압력 •

(2) 최소 •

• ① 누르는 힘.

• ② 수나 정도 따위가 가장 작음.

2

241022-0032

다음 문장의 빈칸에 들어갈 말을 **보기**에서 골라 써넣으세요.

보기 훼손되어   노출되어

(1) 도서관에 비치된 책이 (   ) 더 이상 읽을 수 없다.
(2) 아이들이 망가진 놀이 기구에서 노는 등 많은 위험에 (   ) 있다.

3

241022-0033

다음 낱말의 뜻으로 알맞은 것에 ○표를 하세요.

> 지층

(1) 자갈, 모래, 진흙, 화산재 등이 오랜 시간 동안 쌓여 이루어진 층.   (   )
(2) 흙이나 죽은 생물의 뼈 등이 물이나 바람, 빙하 등에 의해 운반되어 땅의 표면에 쌓인 물질.   (   )

글의 구조 파악하기 글을 읽고 내용을 정리한 표입니다. 빈칸에 알맞은 말을 **보기**에서 골라 써넣으세요.

보기 과정   몸체   흔적

지구의 옛 모습을 담은 돌, 화석	
화석의 뜻	옛날에 살았던 생물의 몸체나 흔적이 암석이나 지층 속에 남아 있는 것.
화석의 종류	• 생물의 (①)이/가 화석으로 된 것 • 생물의 (②)이/가 화석으로 된 것
화석이 만들어지는 (③)	• 생물의 몸체가 화석으로 된 것: 죽은 생물의 몸체 위로 퇴적물이 쌓임. → 단단한 부분이 굳어지며 화석이 됨. • 생물의 흔적이 화석으로 된 것: 부드러운 곳에 자국이 찍힘. → 퇴적물이 쌓임. → 오랜 시간을 거쳐 단단하게 굳어짐.
우리나라의 화석	경상남도 고성의 공룡 발자국 화석, 강원도 영월의 산호 화석 등

제주도 여행에서 볼 수 있는 것들

제주도는 우리나라에서 면적이 가장 넓은 섬입니다. 우리나라 남쪽에 위치하여 따뜻한 지역으로, 겨울철에도 ❶평균 기온이 영하로 내려가지 않습니다. 또한 화산 폭발로 만들어진 섬이라는 점 때문에 제주도를 여행하면 제주도만의 독특한 모습을 발견할 수 있습니다.

제주도를 여행하면 거리 곳곳에서 ❷이국적인 풍경을 발견할 수 있습니다. 제주도를 찾는 외국인이 많아서 그런 점도 있지만, 제주도에는 우리나라의 다른 지역에서 흔히 볼 수 없는 ❸작물이 자라기 때문입니다. 제주도에서 자주 볼 수 있는 바나나, 파인애플은 날씨가 따뜻한 곳에서 잘 자랍니다. 우리나라보다 ❹기후가 따뜻한 지역에서 잘 자라는 야자수도 거리에서 흔히 볼 수 있습니다.

제주도에서 나는 ㉠감귤이 유명한 것도 따뜻한 날씨 덕분입니다. 제주도의 감귤은 예로부터 유명해서, 조선 시대에는 임금님께 바치는 귀한 과일이었습니다. 오늘날에는 제주도에서 나는 감귤의 ❺품종이 다양해지고, 감귤 농장에서 감귤을 따는 체험을 할 수도 있습니다. 그래서 감귤은 단연 제주도를 대표하는 과일이라고 할 수 있습니다.

제주도는 화산 폭발로 만들어진 섬입니다. 그래서 제주도에는 화산 폭발 후 용암이 식으면서 만들어진 돌이 많습니다. 제주도를 대표하는 상징물인 돌하르방은 구멍이 많이 뚫린 돌인 현무암으로 만들어진 석상입니다. '하르방'은 할아버지를 뜻하는 제주도 방언입니다. 그러니까 돌하르방이란 돌로 만든 할아버지라는 뜻입니다. 돌하르방은 부리부리한 눈과 불끈 쥔 두 주먹을 가지고 있습니다. 전통적으로 마을 입구에 주로 세워 두었는데, 이는 돌하르방이 마을을 지켜 주는 수호신 역할을 한다고 제주도 사람들이 믿어 왔기 때문입니다.

돌하르방 외에도 제주도에는 돌로 된 ❻명물이 있습니다. 바로 바람을 막기 위해 쌓아 놓은 돌담입니다. 집의 담장이 필요할 때, 울타리를 쌓을 때, 밭의 경계를 나타낼 때 등 여러 용도로 돌담을 이용했습니다. 제주도에 있는 돌담의 길이를 모두 합하면 2만km가 넘는데, 이는 지구 반 바퀴를 넘는 길이입니다.

⭐ 어휘 풀이

❶ **평균**: 수나 양, 정도의 중간값을 갖는 수.
❷ **이국적인**: 자기 나라가 아닌 다른 나라의 특징이나 분위기를 가진.
❸ **작물**: 논밭에서 심어 가꾸는 곡식이나 채소.
❹ **기후**: 일정한 지역에서 여러 해에 걸쳐 나타난 평균적인 날씨.
❺ **품종**: 같은 종의 생물을 그 특성에 따라 나눈 단위.
❻ **명물**: 어떤 지역에서 유명한 사물이나 특산물.

핵심어

1 다음에서 설명하는 말을 글에서 찾아 쓰세요.

241022-0034

> • 제주도는 '이것'을 통하여 만들어진 섬이다.
> • '이것'으로 인하여 제주도에 많은 돌이 생겼다.

(   )

내용 이해

2 제주도의 이국적인 분위기와 관련이 <u>적은</u> 것을 고르세요. (   )

241022-0035

① 바나나가 자라는 것을 볼 수 있다.
② 파인애플을 키우는 것을 볼 수 있다.
③ 제주도를 찾은 많은 외국인을 볼 수 있다.
④ 거리에 야자수를 심어 놓은 것을 볼 수 있다.
⑤ 다양한 품종의 감귤이 나는 것을 볼 수 있다.

적용

3 제주도를 여행하기 위해서 세운 계획으로 알맞은 것에 <u>모두</u> ○표를 하세요.

241022-0036

(1) 마을 입구에서 돌하르방 찾아보기   (   )
(2) 거리에서 야자수를 배경으로 사진 찍기   (   )
(3) 영하의 평균 기온에 대비하여 따뜻한 옷 챙기기   (   )

내용 이해

4 ㉠에 대한 설명으로 알맞지 <u>않은</u> 것을 두 가지 고르세요. (,   )

241022-0037

① 농장에서 수확하는 체험을 할 수 있다.
② 제주도를 대표하는 과일로 알려져 있다.
③ 예로부터 흔히 먹을 수 있는 과일이었다.
④ 조선 시대에는 임금님께 바치는 과일이었다.
⑤ 단맛이 많이 나도록 품종이 통일되어 가고 있다.

내용 이해

5 제주도에 있는 돌담의 용도로 알맞은 것에 모두 ◯표를 하세요.

241022-0038

(1) 적의 침입을 막는 기능　　　　　　　（　　　　　）

(2) 밭의 경계를 나타내는 기능　　　　　（　　　　　）

(3) 집을 둘러싼 담장으로서의 기능　　　（　　　　　）

추론

6 다음 문장에 알맞은 내용을 골라 ◯표를 하세요.

241022-0039

(1) 돌담을 많이 쌓은 이유는 (바람이 많이 불었기 / 담을 쌓으며 소원을 빌었기) 때문이다.

(2) 돌담을 많이 쌓을 수 있었던 이유는 (주변에 돌이 많았기 / 사람들이 돌을 좋아했기) 때문이다.

내용 요약

7 돌하르방의 기능을 글에서 찾아 한 가지만 간추려 쓰세요.

241022-0040

____

적용

8 제주도를 홍보하기 위해 지은 표어로 알맞지 <u>않은</u> 것에 ◯표를 하세요.

241022-0041

(1) 돌로 만든 할아버지와 인사하러 제주로 오세요!　　　　　　（　　　　　）

(2) 마을을 지키는 수호신, 돌하르방의 기운을 받으러 오세요!　（　　　　　）

(3) 매끈한 돌로 만든 돌하르방, 제주도에서 여러분을 기다려요!　（　　　　　）

어휘 문제

1

241022-0042

낱말과 그 낱말의 뜻을 알맞게 선으로 이으세요.

(1) 기온 •

(2) 기후 •

• ① 대기의 온도.

• ② 일정한 지역에서 여러 해에 걸쳐 나타난 평균적인 날씨.

2

241022-0043

다음 문장의 빈칸에 들어갈 말을 보기에서 골라 써넣으세요.

> **보기** 전통적인   이국적인

(1) 그 가족은 대를 이어 (   ) 방법으로 한복을 만든다.
(2) 저 식당은 외국 물건으로 주변을 꾸며서 (   ) 분위기가 난다.

3

241022-0044

다음 뜻을 가진 낱말로 알맞은 것에 ○표를 하세요.

> 어떤 지역에서 유명한 사물이나 특산물.

(1) 작물 (   )   (2) 명물 (   )

글의 구조 파악하기   **글을 읽고 내용을 정리한 표입니다. 빈칸에 알맞은 말을 보기에서 골라 써넣으세요.**

> **보기** 할아버지   바람   임금님

제주도 여행에서 볼 수 있는 것들	
이국적인 풍경	바나나, 파인애플, 야자수 등 우리나라의 다른 지역에서 흔히 볼 수 없는 작물이 자람.
감귤	• 조선 시대에 (①)께 바치는 귀한 과일 • 품종이 다양해짐. • 감귤을 따는 체험을 할 수 있음.
돌하르방	• 돌로 만든 (②)(이)라는 뜻 • 마을을 지켜 주는 수호신 역할을 함.
돌담	• (③)을/를 막기 위해 쌓아 놓았으며 담장, 울타리, 밭의 경계 등으로 활용 • 2만km가 넘는 길이

시소로 수평 잡기

물체를 손으로 들어 보면 어느 물체가 더 무거운지 짐작할 수 있습니다. 하지만 물체의 무게가 얼마나 다르냐고 물어보면 답하기가 쉽지 않습니다. 사람마다 느끼는 물체의 무게가 다를 수 있기 때문입니다. 그래서 물체의 무게를 비교할 때는 수평대나 ❶저울을 이용하는 것이 ❷효과적입니다.

긴 나무로 된 판자와 받침대를 이용하면 그림과 같은 수평대를 만들 수 있습니다. 여기서 받침대가 나무판자를 받치고 있는 지점을 받침점이라고 부릅니다.

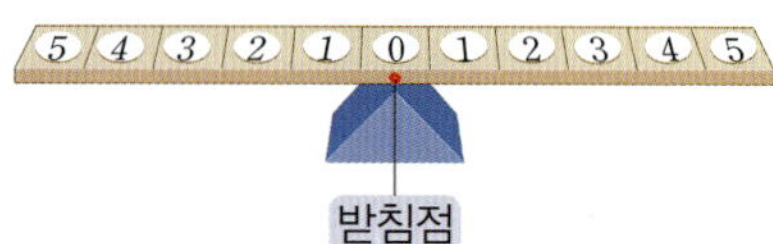

이 수평대의 왼쪽과 오른쪽에 물체를 하나씩 올려놓는 상황을 떠올려 봅시다. 두 물체는 받침점으로부터 똑같은 거리만큼 떨어진 곳에 있습니다. 이때 수평대가 ❸수평을 이루었다면, 두 물체의 무게는 같다고 말할 수 있습니다. 그러나 수평대가 한쪽으로 기울어졌다면 기울어진 쪽에 놓인 물체의 무게가 더 무겁다고 말할 수 있습니다. 이때 무거운 물체를 가벼운 물체보다 받침점에 더 가까운 위치로 옮겨 놓으면 수평을 이룰 수 있습니다. 이렇게 수평대 양쪽의 무게가 균형을 이루었을 때 수평이 되는 ❹원리를 '수평 잡기의 원리'라고 합니다.

수평 잡기의 원리는 놀이터에서 흔히 볼 수 있는 놀이 기구인 ❺시소를 탈 때도 확인할 수 있습니다. 두 사람의 몸무게가 비슷할 때는 두 사람이 시소의 받침점으로부터 같은 거리에 앉으면 시소가 수평을 잡을 수 있습니다. 그러나 몸무게가 서로 다를 때에는 무거운 사람이 시소의 받침점에서 ㉠ 쪽에 앉거나 가벼운 사람이 시소의 받침점에서 ㉡ 쪽에 앉아야 시소가 수평을 잡습니다.

양팔 저울은 수평 잡기의 원리를 이용해 만든 저울입니다. 저울접시를 받침점으로부터 같은 거리에 걸고, 한쪽 저울접시에 무게를 잴 물체를 올려놓습니다. 그리고 다른 쪽 저울접시에 ㉢일정한 무게를 지닌 물체를 올리면서 그 물체의 개수로 무게를 잽니다. 또 양팔 저울의 받침점으로부터 같은 거리에 있는 저울접시에 서로 다른 물체를 각각 올려놓고, ㉣저울대가 어느 쪽으로 기울어졌는지를 확인하여 물체의 무게를 비교하기도 합니다.

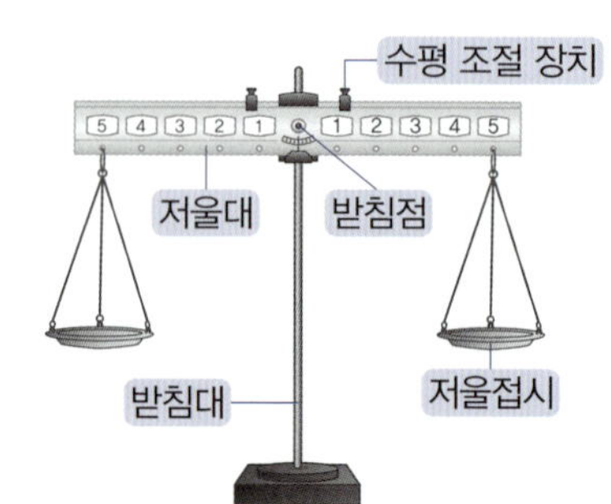

1

이 글의 중심 낱말로 알맞은 것에 ◯표를 하세요.

(1) 물체 (　　　　)   (2) 수평 (　　　　)   (3) 양팔 저울 (　　　　)

2

다음과 같이 수아와 종현이가 앉았을 때, 시소가 수평이 되었습니다. 알맞은 내용에 ◯표를 하세요.

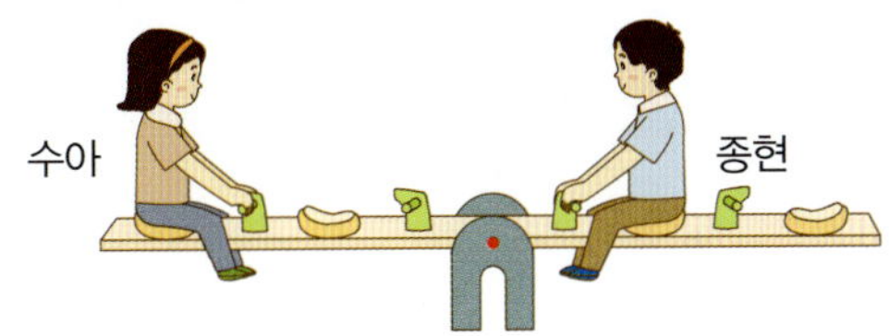

(1) 수아와 종현이의 몸무게가 비슷하다.   (　　　　)
(2) 수아가 종현이보다 몸무게가 더 무겁다.   (　　　　)
(3) 종현이가 수아보다 몸무게가 더 무겁다.   (　　　　)

3

다음에서 설명하는 낱말을 글에서 찾아 쓰세요.

> • 물건의 무거운 정도
> • 지구가 물체를 끌어당기는 힘의 크기

(　　　　　　　　　　　　　　　)

4

오른쪽과 같이 수평대에 올려져 있는 빨간색 나무토막과 무게가 같은 파란색 나무토막으로 수평을 잡으려면 나무판자의 ㉮～㉱ 가운데 어느 위치에 파란색 나무토막을 올려놓아야 하는지 기호를 쓰세요.

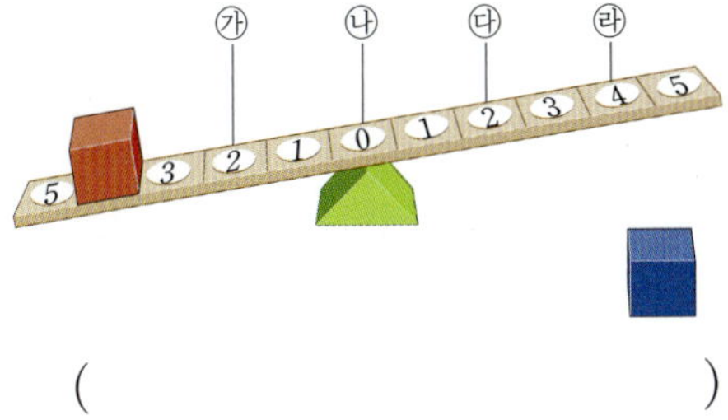

(　　　　　　　　　　　　　　　)

추론

5
241022-0049

㉠과 ㉡에 들어갈 알맞은 말을 골라 ○표를 하세요.

(1) ㉠: (가까운 / 먼)　　　　　　　　(2) ㉡: (가까운 / 먼)

내용 요약

6
241022-0050

시소와 양팔 저울에서 공통적으로 어떤 원리를 발견할 수 있는지 쓰세요.

____

추론

7
241022-0051

㉢에 해당하는 물체가 <u>아닌</u> 것을 골라 기호를 쓰세요.

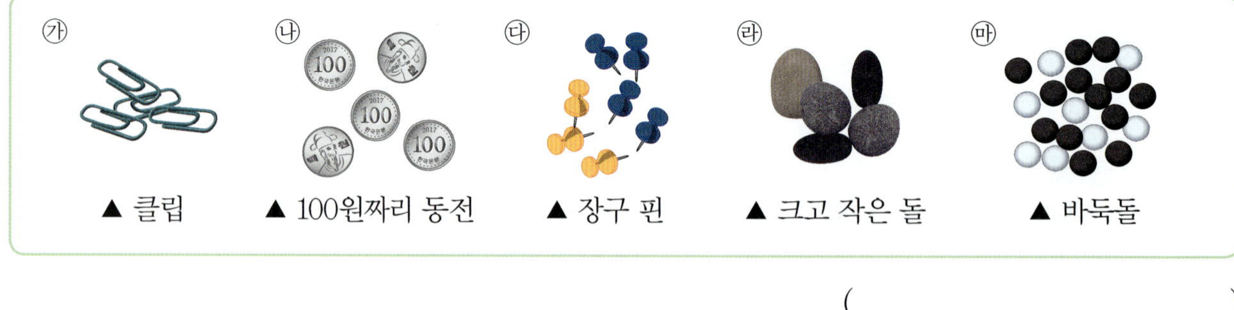

(　　　　　　　　　　　　)

적용

8
241022-0052

㉣을 생각하며 양팔 저울로 여러 가지 물체의 무게를 비교하였습니다. 가장 무거운 물체는 무엇인지 쓰세요.

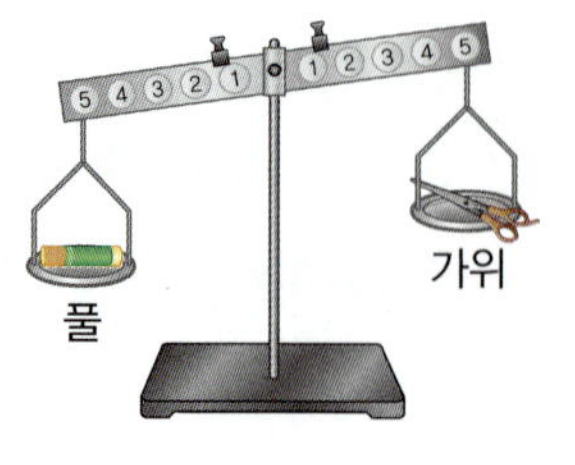

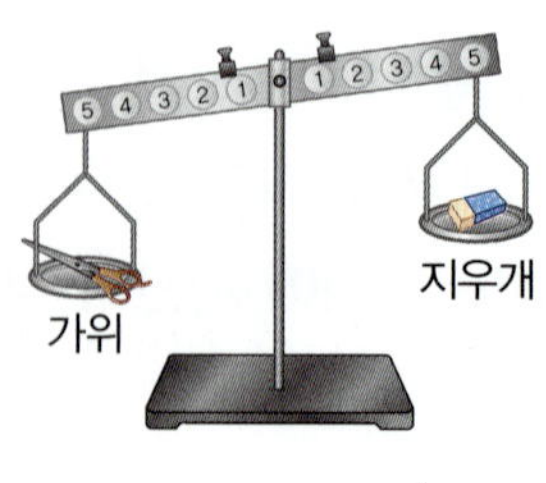

(　　　　　　　　　　　　)

어휘 문제

1

241022-0053

낱말과 그 낱말의 뜻을 알맞게 선으로 이으세요.

(1) 저울 •

(2) 받침점 •

• ① 물체를 떠받치는 지렛대를 괸 고정된 점.

• ② 물건의 무게를 다는 데 쓰는 기구를 통틀어 이르는 말.

2

241022-0054

다음 뜻을 가진 낱말로 알맞은 것에 ○표를 하세요.

어느 한쪽으로 기울지 않은 상태.

(1) 비교　(　　　)　　　　　　(2) 수평　(　　　)

3

241022-0055

다음 문장의 빈칸에 들어갈 말을 **보기**에서 골라 써넣으세요.

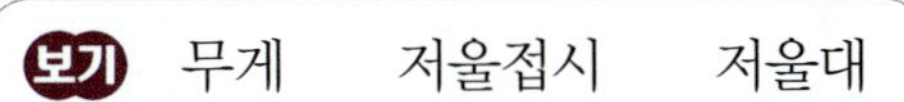

보기　무게　　저울접시　　저울대

(1) 물체의 (　　　　　)를 정확하게 측정하기 위해 저울을 사용한다.
(2) 양팔 저울에서 측정하고자 하는 물체를 올려놓는 부분은 (　　　　　)이다.

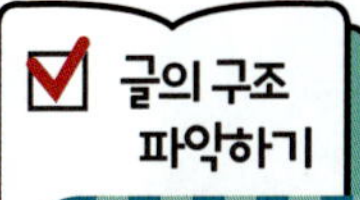

글의 구조 파악하기　글을 읽고 내용을 정리한 표입니다. 빈칸에 알맞은 말을 **보기**에서 골라 써넣으세요.

보기　균형　　시소　　양팔 저울

시소로 수평 잡기		
'수평 잡기의 원리'의 뜻		수평대 양쪽의 무게가 (① 　　　)을/를 이루었을 때 수평이 되는 원리
발견할 수 있는 곳	(② 　　　)	긴 널빤지의 한가운데를 괴어, 그 양쪽 끝에 사람이 타고 서로 오르락내리락하는 놀이 기구
	(③ 　　　)	저울접시에 일정한 무게를 지닌 물체를 올려 무게를 재거나, 서로 다른 물체를 올려 무게를 비교할 수 있는 저울

정답과 해설 4쪽

❀ '사다리 타기'를 하면서 공부한 낱말의 뜻을 떠올려 보세요.

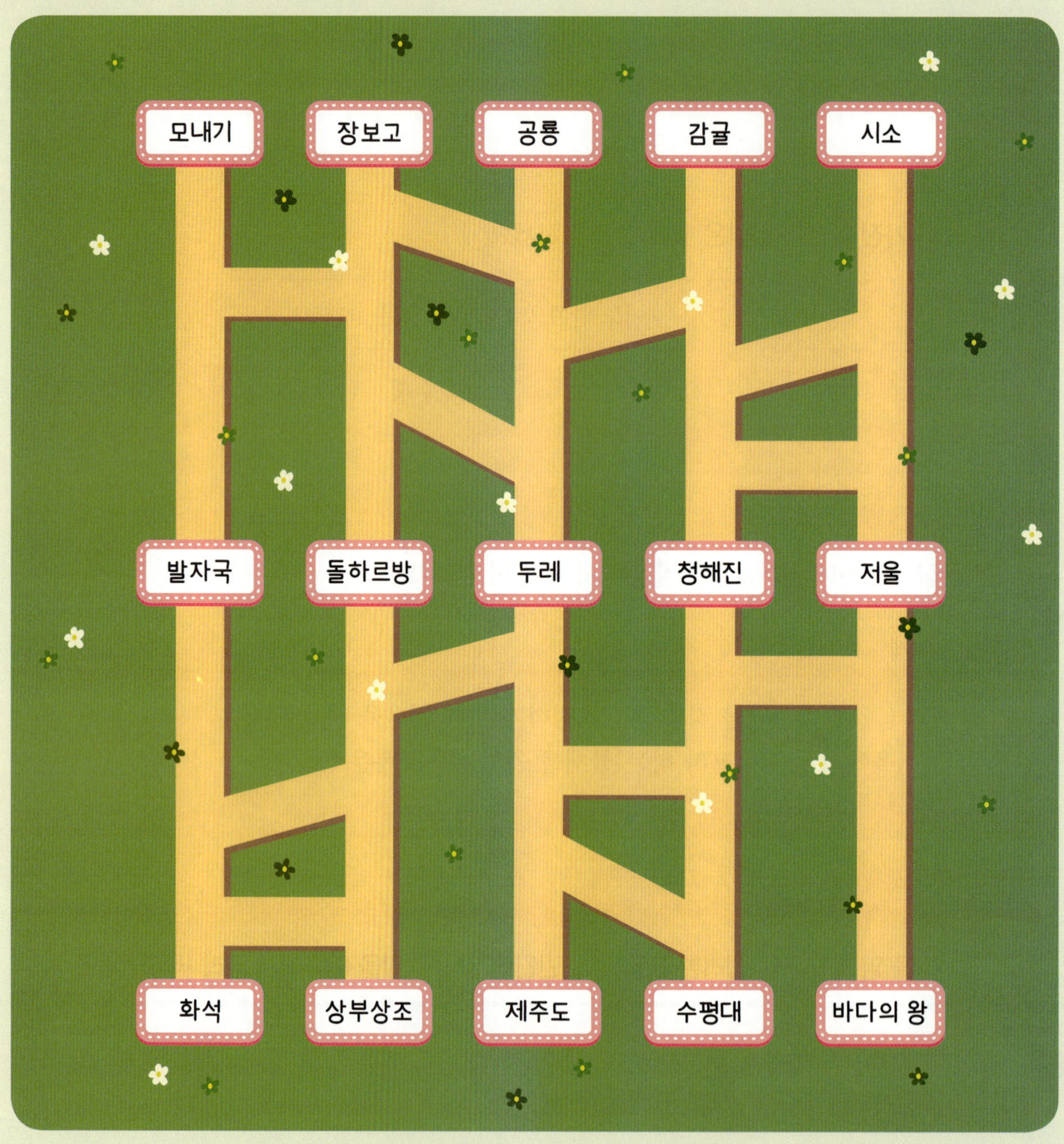

2주

주제	학습 내용	학습 완료일
1일 사회	**박물관에서 하는 일** 공공 기관 중 하나인 박물관에서 하는 일을 소개하는 글입니다.	월 일 / 맞은 문제 수 개/12개 / 확인
2일 체육	**여가 활동과 건강** 여가 활동과 건강의 관계를 설명하는 글입니다.	월 일 / 맞은 문제 수 개/12개 / 확인
3일 사회	**비건 패션을 아시나요?** 환경 보호와 동물 복지를 위한 비건 패션에 대해 소개하는 글입니다.	월 일 / 맞은 문제 수 개/11개 / 확인
4일 국어	**한글을 소개해요** 외국인 친구에게 한글에 대해 소개하는 글입니다.	월 일 / 맞은 문제 수 개/12개 / 확인
5일 과학	**혼합물** 일상생활에서 볼 수 있는 혼합물과, 혼합물의 분리 방법을 설명하는 글입니다.	월 일 / 맞은 문제 수 개/11개 / 확인

박물관에서 하는 일

공부한 날   월   일

공공 기관이란 마을에 사는 주민 전체의 이익과 생활의 ❶편의를 위해 국가나 ❷지방 자치 단체가 세우거나 관리하는 곳을 말합니다. 공공 기관은 주민들을 위해 다양한 일을 하고 서비스를 제공합니다. 이런 공공 기관에는 경찰서, 소방서, 도서관, 박물관, 보건소, 교육청, 주민 센터 등이 있습니다. 다양한 공공 기관 중 박물관에서는 어떤 일을 할까요?

첫째, 박물관은 과거의 중요한 ❸유물을 수집하고 전시하는 일을 합니다. 박물관에 가면 옛날 사람들이 사용하던 생활 도구나 장신구들, 멸종한 동물들의 흔적이나 화석, 또는 옛날 그림이나 ❹문헌들을 볼 수 있습니다. 이를 통해 사람들은 과거의 역사와 문화를 알 수 있습니다. 예를 들어, 사람들은 ⬚　㉠　⬚. 박물관은 또한 다양한 학문이나 새로운 기술에 관한 자료를 수집하고 전시하기도 합니다. 예를 들어, 로봇 박물관에 가면 첨단 과학 기술과 로봇 발명품들을 살펴볼 수 있습니다.

둘째, 박물관은 다양한 교육 프로그램 및 행사를 열기도 합니다. 예를 들어, 우리나라 고유의 명절에 할 수 있는 전통 놀이 체험 행사를 연다든지, 해설사의 전시 교육 프로그램을 열기도 합니다. 이런 프로그램에 참여하면 어린이와 어른 모두 재미있게 문화를 체험할 수 있고, ❺견문을 넓힐 수 있습니다.

셋째, 박물관은 유물과 예술 작품을 보호하고 연구하는 일을 합니다. 오래된 유물들은 시간이 지나면서 손상될 수 있으므로, 박물관에서는 이를 전문적으로 ❻보존하고 관리합니다. 예를 들어, 전시품이 온도나 습기에 의해 손상되지 않도록 온도와 습도를 조절하고, 정기적으로 유물을 점검하여 손상을 방지합니다. 또한, 학자들은 박물관에 있는 자료를 연구해서 새로운 사실을 발견하기도 합니다. 이러한 연구는 우리가 역사를 더 정확하게 이해하는 데 도움을 주며, 우리의 문화 발전에 ❼이바지합니다.

이처럼 박물관은 유물을 전시하고, 다양한 교육 프로그램을 운영하며, 유물을 보존하는 일을 합니다. 덕분에 사람들은 과거를 통해 배우고, 새로운 지식을 얻기도 하며 문화적 자긍심을 느낄 수 있습니다.

🌟 어휘 풀이

❶ **편의**: 형편이나 조건 따위가 편하고 좋음.
❷ **지방 자치 단체**: 지역 주민들을 위해 대표들이 지역의 살림살이를 꾸려 나가는 곳으로 시·도청, 시·군·구청 등이 있음.
❸ **유물**: 선대의 인류가 후대에 남긴 물건.
❹ **문헌**: 옛날의 제도나 문물을 아는 데 증거가 되는 자료나 기록.
❺ **견문**: 보거나 듣거나 하여 깨달아 얻은 지식.
❻ **보존하고**: 잘 보호하고 간수하여 남기고.
❼ **이바지합니다**: 도움이 되게 합니다.

핵심어

1 마을에 사는 주민 전체의 이익과 생활의 편의를 위해 국가나 지방 자치 단체가 세우거나 관리하는 곳을 가리키는 말을 글에서 찾아 쓰세요.

241022-0056

(   )

내용 이해

2 이 글에서 주로 설명하고 있는 내용은 무엇인지 고르세요. (   )

241022-0057

① 공공 기관의 종류
② 공공 기관의 역사
③ 박물관 행사 안내
④ 박물관에서 하는 일
⑤ 박물관에서 지킬 예절

내용 이해

3 다음 중 박물관에서 하는 일이 <u>아닌</u> 것을 고르세요. (   )

241022-0058

① 과거의 유물 전시
② 오래된 유물 판매
③ 그림 및 문헌 수집
④ 다양한 프로그램 운영
⑤ 오래된 유물 보존 및 연구

추론

4 ㉠에 들어갈 알맞은 내용을 고르세요. (   )

241022-0059

① 공룡 VR체험에 참여할 수 있습니다.
② 박물관의 역사 강의를 들을 수 있습니다.
③ 도자기 만들기 체험에 참여할 수 있습니다.
④ 유물이 손상되지 않도록 점검할 수 있습니다.
⑤ 옛날 그릇을 보고 사람들의 생활 모습을 알 수 있습니다.

분류

5 241022-0060

다음 중 공공 기관으로만 짝 지어진 것을 고르세요. (   )

① 시장, 보건소 ② 소방서, 박물관 ③ 경찰서, 아파트
④ 박물관, 슈퍼마켓 ⑤ 백화점, 주민 센터

어휘

6 241022-0061

다음 밑줄 친 부분을 가리키는 낱말은 무엇인지 글에서 찾아 쓰세요.

옛날 사람들이 사용하던 도자기, 무기, 옷과 장신구, 그릇 등을 살펴보면 그 당시의 생활 모습을 추측할 수 있습니다.

(   )

내용 요약

7 241022-0062

박물관이 하는 일 중 한 가지만 간추려 쓰세요.

____

추론

8 241022-0063

다음은 이 글을 읽고 나눈 두 친구의 대화입니다. 이어질 친구의 말로 적절하지 <u>않은</u> 것을 고르세요.

(   )

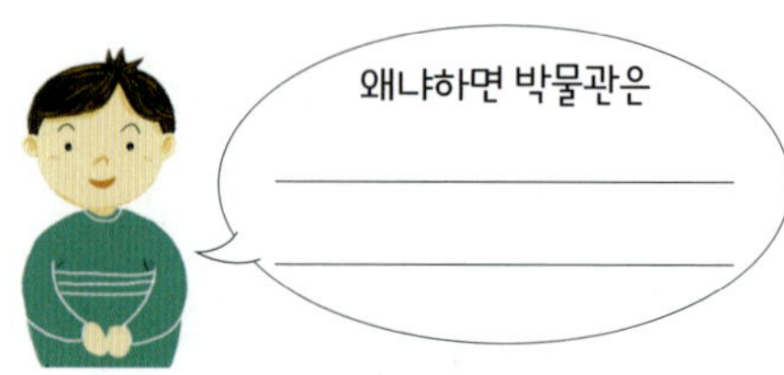

① 주민들 중 유명한 사람이 세운 곳이기 때문이야.
② 주민들에게 다양한 프로그램을 제공해 주기 때문이야.
③ 주민들이 쉽게 문화 체험을 할 수 있는 곳이기 때문이야.
④ 주민들이 옛날 그림들을 감상할 수 있는 곳이기 때문이야.
⑤ 유물을 보존해서 주민들이 볼 수 있게 전시하기 때문이야.

어휘 문제

1 낱말과 그 낱말의 뜻을 알맞게 선으로 이으세요.

241022-0064

(1) 편의 •

(2) 보존 •

• ① 잘 보호하고 간수하여 남김.

• ② 형편이나 조건 따위가 편하고 좋음.

2 다음 문장의 빈칸에 들어갈 말을 **보기**에서 골라 써넣으세요.

241022-0065

보기 유물　전시

(1) 선사 시대의 (　　　)이/가 발견되었다.
(2) 미술관은 미술품들을 (　　　)하는 곳이다.

3 다음 뜻을 가진 낱말로 알맞은 것에 ○표를 하세요.

241022-0066

스스로에게 긍지를 가지는 마음.

(1) 자긍심 (　　　) 　　　　　　　(2) 견문 (　　　)

4 다음 문장에 알맞은 말을 골라 ○표를 하세요.

241022-0067

(1) 이번 연구는 과학 기술 발전에 크게 (이바지 / 불이익)할 것이다.
(2) 냉장고의 새로운 기능은 사용자의 (편견 / 편의)을/를 위해 만들어졌다.

 **글의 구조 파악하기**

글을 읽고 내용을 정리한 표입니다. 빈칸에 알맞은 말을 **보기**에서 골라 써넣으세요.

보기 보호　공공 기관　지방 자치 단체

박물관에서 하는 일	
(①　　　)의 뜻과 종류	• 마을에 사는 주민의 이익과 생활의 편의를 위해 국가나 (②　　　)이/가 세우거나 관리하는 곳. • 경찰서, 소방서, 도서관, 박물관, 보건소 등
박물관에서 하는 일	• 과거의 중요한 유물을 수집하고 전시 • 다양한 교육 프로그램 및 행사 운영 • 유물과 예술 작품을 (③　　　)하고 연구

여가 활동과 건강

❶여가 활동이란 일이나 생활에 필요한 활동에서 벗어난 자유로운 시간에 이루어지는 활동을 말합니다. 여가 활동의 종류는 매우 다양합니다. 축구, 농구와 같은 신체 활동, 독서나 음악 감상과 같은 문화 활동, 친구나 가족과 함께하는 놀이 활동 등이 있습니다. 또한, 여행이나 캠핑과 같은 야외 활동도 여가 활동에 포함됩니다.

자유로운 시간에 잠시 휴식을 취하고 즐거움을 찾는 여가 활동은 사람들의 삶의 질을 높이는 데 도움을 줄 수 있습니다. 첫째, 여가 활동은 신체적 건강에 도움을 줍니다. 예를 들어, 일상에서 실천할 수 있는 걷기 운동은 심장의 건강을 ❷개선하고 신체의 긴장을 줄이는 데에 도움이 됩니다. 또한 사람들은 다양한 스포츠나 운동을 즐기며 신체적 건강을 ❸증진하고 질병의 위험을 감소시킬 수 있습니다.

둘째, 정신적 건강을 유지하는 데 도움을 줍니다. 예를 들어, 독서나 음악 감상은 마음의 안정을 주고 스트레스를 ❹감소시킵니다. 운동을 하면 우리 뇌에서 기분을 좋게 하는 호르몬이 분비된다고 합니다.

셋째, 여가 활동을 통해 사회적 관계를 ❺심화할 수 있습니다. 여가 활동은 혼자서 하기도 하지만 친구나 가족과 함께하는 것도 많습니다. 이런 여가 활동을 통해 친구나 가족 간의 관계를 심화하고, ❻유대감을 높일 수 있습니다.

다양한 종류의 여가 활동을 통해 우리는 신체적·정신적 건강을 증진하고, 행복한 일상을 만들 수 있습니다. 따라서, 바쁜 일상에서도 건강한 여가 활동을 꾸준히 실천해야 합니다. 하루하루를 더욱 풍요롭게 만들기 위해 여가 활동을 적극적으로 즐겨 보는 것이 어떨까요?

✨ 어휘 풀이

❶ **여가**: 일이 없어 남는 시간.
❷ **개선하고**: 잘못된 것이나 부족한 것, 나쁜 것 따위를 고쳐 더 좋게 만들고.
❸ **증진하고**: 기운이나 세력 따위가 점점 더 늘어 가고 나아가게 하고.
❹ **감소시킵니다**: 양이나 수치를 줄입니다.
❺ **심화할**: 정도나 경지가 점점 깊어지게 할.
❻ **유대감**: 서로 밀접하게 연결되어 있는 공통된 느낌.

1 핵심어

241022-0068

다음에서 설명하는 말을 글에서 찾아 쓰세요.

> 일이나 생활에 필요한 활동에서 벗어난 자유로운 시간에 이루어지는 활동.

( )

2 내용 이해

241022-0069

다음 중 여가 활동인 것을 골라 기호를 쓰세요.

> ㉮ 학교 숙제하기
> ㉯ 회사에서 일하기
> ㉰ 자유 시간에 공원 걷기

( )

3 분류

241022-0070

이 글에 나타난 기준에 따라 여가 활동을 알맞게 나누어 기호를 쓰세요.

> ㉮ 독서하기 ㉯ 공원 걷기 ㉰ 영화 보기
> ㉱ 가족 캠핑 ㉲ 기차 여행 ㉳ 축구 경기 하기

(1) 신체 활동: (,)
(2) 문화 활동: (,)
(3) 야외 활동: (,)

4 내용 이해

241022-0071

이 글의 내용을 알맞게 이해한 친구를 고르세요. ( )

① 경아: 여가 활동의 종류는 한두 가지 정도야.
② 나래: 여가 활동에는 혼자서 하는 활동만 있어.
③ 민준: 여가 활동은 꼭 해야 하는 공부나 일들을 말해.
④ 서준: 여가 활동은 정신적인 건강에 도움을 줄 수 있어.
⑤ 연우: 친구와 함께하는 줄넘기는 여가 활동이라고 볼 수 없어.

내용 이해

5
241022-0072

여가 활동의 기능으로 볼 수 <u>없는</u> 것을 고르세요. (   )

① 삶의 질을 높일 수 있다.
② 스트레스를 줄일 수 있다.
③ 신체적 건강에 도움을 준다.
④ 공부하는 시간을 늘릴 수 있다.
⑤ 사람들 사이의 유대감을 높일 수 있다.

내용 요약

6
241022-0073

여가 활동이 사람들의 생활에 도움을 주는 예를 한 가지만 간추려 쓰세요.

____

어휘

7
241022-0074

이 글에 나타난 글쓴이의 생각을 다음과 같이 정리할 때, 문장에 알맞은 말을 골라 ○표를 하세요.

> 다양한 종류의 여가 활동을 통해 건강하고 행복한 일상을 만들 수 있으므로 여가 활동을 (소극적 / 적극적)으로 즐기자.

적용·창작

8
241022-0075

이 글을 읽고, 진수는 여가 활동을 홍보하기 위한 표어를 만들었습니다. 홍보 문구로 가장 적절한 것을 고르세요. (   )

① 장난과 폭력은 전혀 달라요.
② 스스로 노력하는 땀방울의 가치.
③ 환경을 위해서 한 걸음 실천해요.
④ 여가를 즐기면 일상이 풍족해져요.
⑤ 가는 말이 고와야 오는 말도 고와요.

어휘 문제

1

241022-0076

다음 낱말과 그 낱말의 뜻을 알맞게 선으로 이으세요.

(1) 개선 •

• ① 기운이나 세력 따위가 점점 더 늘어가고 나아감.

(2) 증진 •

• ② 잘못된 것이나 부족한 것, 나쁜 것 따위를 고쳐 더 좋게 만듦.

2

241022-0077

다음 문장의 빈칸에 들어갈 말을 보기에서 골라 써넣으세요.

> **보기** 유지   감소   분비

(1) 젊은 사람들이 도시로 몰려들면서 농촌의 청년 인구는 (   )했다.
(2) 우리 반 친구들은 좁고 복잡한 길에서도 질서를 (   )하기 위해 노력했다.

3

241022-0078

다음 뜻을 가진 낱말로 알맞은 것에 ○표를 하세요.

> 일이 없어 남는 시간.

(1) 여가   (   )   (2) 취미   (   )

4

241022-0079

다음 문장에 알맞은 말을 골라 ○표를 하세요.

(1) 꾸준한 걷기 운동은 스트레스를 (해소 / 증진)하는 데 도움을 준다.
(2) 다양한 사람들이 함께하는 운동을 통해 (유대감 / 소외감)을 높일 수 있다.

 **글의 구조 파악하기**

글을 읽고 내용을 정리한 표입니다. 빈칸에 알맞은 말을 보기에서 골라 써넣으세요.

> **보기** 문화   종류   정신적

여가 활동과 건강		
여가 활동의 (①)	• 신체 활동: 운동 • 놀이 활동	• (②) 활동: 독서나 영화 감상 등 • 야외 활동: 여행, 캠핑 등
여가 활동의 좋은 점	• 신체적 건강에 도움을 줌. • (③) 건강에 도움을 줌. • 사회적 관계를 심화함.	

비건 패션을 아시나요?

겨울철을 따뜻하게 보내기 위해 사람들은 패딩이나 동물 털로 만든 옷을 입고는 합니다. 하지만 이런 옷들을 만들기 위해서 수많은 동물이 고통을 받고 있다는 사실을 알고 있나요? 전 세계적으로 매년 1억 마리 이상의 야생 동물들이 모피 코트와 같은 옷을 만들기 위해 희생되고 있습니다. 최근에는 동물의 털이나 가죽 대신 동물 학대가 없는 재료를 이용해 옷을 만드는 흐름이 주목받고 있습니다. 이러한 흐름에서 만들어진 옷이나 신발, 가방 등을 '비건 패션'이라고 합니다.

비건 패션은 동물의 털이나 가죽 대신 식물에서 나오는 재료나 다른 재료들을 사용해 만든 옷이나 신발, 가방 등을 말합니다. 비건 패션의 겉모습은 동물성 재료로 만든 제품과 비슷하지만, 동물성 재료를 사용하지 않아 동물들의 희생을 줄일 수 있는 특징이 있습니다. 또한 동물성 재료로 옷을 만들 때는 많은 화학 물질과 물이 필요한데, 비건 패션은 이를 좀 더 적게 사용하므로 환경 오염을 줄일 수 있습니다. 이런 비건 패션의 흐름에 ❶동참하는 의류 회사들은 ❷친환경적인 ❸생산 방법을 사용해 환경 오염을 줄이고자 노력합니다.

『비건 패션을 만드는 재료의 예로는 파인애플의 잎과 줄기에서 섬유질을 뽑아 만든 가죽이 있습니다. 이렇게 하면 쓰레기를 줄일 수 있어 환경에도 좋습니다. 또, 대나무 줄기를 사용해 ❹섬유를 만들기도 합니다. 대나무 섬유는 피부에 자극을 주지 않고 바람이 잘 통해 시원하다는 장점이 있습니다. 이 밖에도 옥수수로 만든 섬유, 버섯으로 만든 인조 가죽, 질기고 튼튼한 선인장 인조 가죽 등이 있습니다.』

비건 패션은 ❺동물 복지와 환경 보호를 위해 중요합니다. 동물의 털이나 가죽을 얻기 위해 수많은 동물이 고통을 받는 현실을 바꿀 수 있습니다. 또한, 동물의 털이나 가죽으로 옷을 만들 때 나오는 많은 화학 물질로 인한 환경 오염 문제를 줄이는 데 도움이 됩니다. 이러한 이유로, 점점 많은 사람들이 ❻윤리적인 비건 패션을 선택하고 있습니다.

✨ **어휘 풀이**

❶ **동참하는:** 어떤 일에 같이 참가하는.
❷ **친환경적인:** 자연환경을 오염하지 않고 자연 그대로의 환경과 잘 어울리는 일인.
❸ **생산:** 인간이 생활하는 데 필요한 각종 물건을 만들어 냄.
❹ **섬유:** 생물체의 몸을 이루는 가늘고 긴 실 모양의 물질. 또는 그것으로 만든 직물.
❺ **동물 복지:** 동물이 배고픔이나 질병 따위에 시달리지 않고 행복한 상태에서 살아갈 수 있도록 만든 정책.
❻ **윤리적인:** 사람으로서 마땅히 행하거나 지켜야 할 도리인.

1 동물의 털이나 가죽 대신 동물 학대가 없는 재료를 이용해 만든 옷이나 신발, 가방 등을 나타내는 말을 글에서 찾아 쓰세요.

241022-0080

(   )

내용 이해

2 다음 중 비건 패션으로만 짝 지어진 것을 고르세요. (   )

241022-0081

① 양털 코트, 오리털 패딩
② 버섯으로 만든 인조 가죽, 모피 코트
③ 오리털 패딩, 파인애플 섬유로 만든 옷
④ 악어 가죽으로 만든 가방, 옥수수 섬유로 만든 옷
⑤ 파인애플 가죽으로 만든 가방, 대나무 섬유로 만든 옷

내용 이해

3 이 글의 내용을 바르게 이해하지 <u>못한</u> 친구를 고르세요. (   )

241022-0082

① 가영: 비건 패션은 동물 복지를 위해 중요해.
② 동진: 대나무 섬유는 피부에도 도움이 되겠구나.
③ 민아: 비건 패션은 환경을 보호하는 데 도움이 되겠어.
④ 준후: 버섯 가죽은 동물성 재료로 만든 가죽과 겉모습이 많이 달라.
⑤ 지율: 동물성 재료를 얻기 위해서는 많은 동물의 희생이 뒤따르겠어.

중심 내용

4 비건 패션의 좋은 점을 찾아 <u>모두</u> ○표를 하세요.

241022-0083

(1) 환경 보호에 도움이 될 수 있다.   (   )
(2) 동물들의 희생을 줄일 수 있다.   (   )
(3) 옷과 가방을 많이 생산할 수 있다.   (   )

어휘

5
241022-0084

다음 문장에 공통으로 들어갈 낱말을 글에서 찾아 쓰세요.

> ㉮ 어려운 이웃을 돕기 위해 봉사 활동에 [   ]하기로 결심했다.
> ㉯ 환경 보호 캠페인에 많은 사람들이 [   ]하여 큰 변화를 일으켰다.

(   )

적용

6
241022-0085

비건 패션을 중요하다고 생각하는 친구가 다음 그림을 보고 할 말로 적절한 것을 고르세요. (   )

오리털 패딩   모피 코트

① 환경 오염이 줄어들 수 있겠네.
② 많은 동물들이 희생되어 안타까워.
③ 튼튼한 재질의 옷이라 마음에 들어.
④ 겨울에 따뜻하게 지낼 수 있어 좋겠어.
⑤ 화학 물질이 적게 들어가서 만들기 쉽겠어.

내용 이해

7
241022-0086

이 글에서 설명하는 내용이 <u>아닌</u> 것을 고르세요. (   )

① 비건 패션의 뜻   ② 비건 패션의 재료   ③ 비건 패션의 중요성
④ 비건 패션의 단점   ⑤ 비건 패션의 특징

글의 설명 방식

8
241022-0087

이 글의 『 』 부분에 나타난 설명 방법과 같은 것을 찾아 기호를 쓰세요.

> ㉮ 채소에는 비타민이 풍부합니다. 예를 들어, 시금치는 비타민 A와 비타민 K가 많은 채소입니다. 브로콜리도 비타민 A와 비타민 C가 많기로 유명합니다. 당근도 비타민이 많은데 당근에 있는 비타민 A는 눈 건강에 도움이 됩니다.
> ㉯ 옛날 사람들이 살던 집은 주로 자연에서 얻을 수 있는 재료를 이용하여 만들었으나 오늘날의 집은 시멘트나 철과 같은 재료를 이용해 만듭니다. 또 옛날의 집은 단층이 대부분이었지만, 오늘날의 집은 단층뿐 아니라 여러 층으로 된 집들도 많습니다.

(   )

어휘 문제

1

241022-0088

낱말과 그 낱말의 뜻을 알맞게 선으로 이으세요.

(1) 동참 •

(2) 윤리 •

• ① 어떤 일에 같이 참가함.

• ② 사람으로서 마땅히 행하거나 지켜야 할 도리.

2

241022-0089

다음 문장의 빈칸에 들어갈 말을 보기에서 골라 써넣으세요.

보기 희생   생산

(1) 공장이 생기면서 다양한 물건을 (   )하는 속도가 빨라졌다.
(2) 갑자기 일어난 전쟁으로 인해 많은 사람들의 목숨이 (   )되었다.

3

241022-0090

다음 뜻을 가진 낱말로 알맞은 것에 ◯표를 하세요.

자연환경을 오염하지 않고 자연 그대로의 환경과 잘 어울리는 일.

(1) 산업화 (   )   (2) 친환경 (   )

 **글의 구조 파악하기** **글을 읽고 내용을 정리한 표입니다. 빈칸에 알맞은 말을 보기에서 골라 써넣으세요.**

보기 가죽   복지   식물

비건 패션을 아시나요?	
비건 패션의 뜻	동물의 털이나 가죽 대신 (①)에서 나오는 재료 등을 이용해 만든 옷이나 신발, 가방 등.
비건 패션을 만드는 재료의 예	파인애플 (②), 대나무 섬유, 버섯 가죽 등
비건 패션의 좋은 점	동물 (③)와/과 환경 보호에 도움을 줄 수 있음.

안녕, 마이클.

요즘 한국 노래에 관심이 많다고 해서 정말 뿌듯해. 노래를 듣다 보니 한국의 글자에 대해 궁금해졌다고? 그래서 오늘은 우리나라의 아름다운 문자인 한글에 대해 알려 주려고 해.

한글은 조선 시대의 왕, 세종대왕이 1443년에 만든 문자로 '훈민정음'이라고도 해. '훈민정음'은 백성을 가르치는 바른 소리라는 뜻이야. 당시 ㉠우리나라는 중국의 문자인 한자를 사용했는데, 한자는 일반 백성들에게 어려운 문자였어. 그래서 세종대왕은 백성들이 쉽게 읽고 쓸 수 있는 한글을 만들었어.

세종대왕이 한글을 만든 원리는 대단히 과학적이야. 한글에는 자음자와 모음자가 있는데, 자음자와 모음자를 ❶결합하여 글자를 만들 수 있어. 먼저 모음자의 경우 하늘, 땅, 사람을 본떠 각각 '•', 'ㅡ', 'ㅣ'라는 기본 문자를 만들고, 이 기본 모음자를 합쳐서 'ㅏ', 'ㅗ', 'ㅚ'와 같은 나머지 모음자들을 만들었어. 자음자는 혀, 이, 목구멍, 입술 등의 발음 기관의 모양을 본떠 기본 자음자인 'ㄱ, ㄴ, ㅁ, ㅅ, ㅇ'을 만들고, 이 기본 자음자에 ❷획을 더하여 문자를 ❸확장했지. 예를 들어, 'ㅅ'에 획을 더하여 'ㅈ, ㅊ'을 만들었어.

또, 한글은 24개의 자음자와 모음자를 결합해서 많은 글자를 나타낼 수 있어. 적은 수의 문자로 11,172개나 되는 글자를 표현할 수 있어 배우기 쉽고 독창적인 문자라는 평가를 받고는 해.

한글은 ❹시각적으로도 아름다워. 글자의 모양이 단순하고 ❺균형이 있어서 예술적인 문자이기도 해. 거리를 걷다 보면 한글로 된 예술 작품이나 디자인도 많이 볼 수 있어.

한글날이라는 특별한 날도 있어. 매년 10월 9일은 한글 ❻창제를 기념하는 날로, 한국에서는 이날을 기념하여 다양한 행사와 축제가 열려. 한글날을 통해 사람들은 한글의 소중함을 느끼고는 해.

마이클, 한글에 대해 궁금한 점이 좀 풀렸니? 한글은 우리나라의 소중한 문화 유산이자 문자야. 네가 사용하는 문자와는 다르니까 처음에는 어려울 수 있겠지만, 조금씩 익혀 보면 재미있을 거야. 한글에 대해 더 궁금한 것이 있으면 언제든지 물어봐. 항상 건강하기를 바랄게.

20○○년 10월 1일

진수가

⭐ **어휘 풀이**

❶ **결합하여**: 둘 이상의 사물이나 사람이 서로 관계를 맺어 하나가 되어.
❷ **획**: 글씨나 그림에서, 붓 따위로 한 번 그은 줄이나 점.
❸ **확장했지**: 범위, 규모, 세력 따위를 늘려서 넓혔지.
❹ **시각적**: 눈으로 보는.
❺ **균형**: 어느 한쪽으로 기울거나 치우치지 아니하고 고른 상태.
❻ **창제**: 전에 없던 것을 처음으로 만드는 것.

1 **핵심어**
241022-0091

'백성을 가르치는 바른 소리'라는 뜻을 지닌 낱말을 글에서 찾아 쓰세요.

(   )

2 **내용 이해**
241022-0092

다음 중 한글에 대한 설명으로 알맞지 <u>않은</u> 것을 고르세요. (   )

① 배우기 쉽고 과학적이다.
② 모양이 복잡하고 불규칙하다.
③ 세종대왕이 1443년에 만든 문자이다.
④ 한글을 만든 것을 기념하는 날이 있다.
⑤ 자음자와 모음자를 결합해 많은 글자를 만들 수 있다.

3 **추론**
241022-0093

㉠의 상황에서, 세종대왕의 마음을 짐작한 것으로 알맞은 것을 고르세요. (   )

① 백성들이 병에 걸릴까 봐 겁이 나는구나.
② 백성들이 배불리 먹을 수 있어 만족스럽구나.
③ 백성들이 열심히 일하지 않아서 화가 나는구나.
④ 백성들이 중국의 문자를 귀하게 여기니 기쁘구나.
⑤ 백성들이 글을 몰라 읽고 쓰지 못하니 안타깝구나.

4 **내용 이해**
241022-0094

다음 중 발음 기관의 모양을 본떠 만든 글자가 <u>아닌</u> 것을 고르세요. (   )

① ㄱ   ② ㄴ   ③ ㅁ
④ ㅏ   ⑤ ㅅ

내용 요약

5
241022-0095

이 글에 나타난 한글의 특징을 찾아 한 가지만 간추려서 쓰세요.

추론

6
241022-0096

㉮와 ㉯의 문자에 대한 설명으로 알맞은 것에 ◯표를 하세요.

㉮ 학교	㉯ 學敎

(1) ㉮의 ㅎ, ㄱ은 하늘, 땅, 사람을 나타낸다.　　　(　　　)
(2) ㉮는 자음자와 모음자를 결합하여 글자를 만든다.　　　(　　　)
(3) ㉯는 백성들이 쉽게 배울 수 있는 문자였다.　　　(　　　)

적용

7
241022-0097

다음의 자음자와 모음자를 한 번씩 결합하여 만들 수 있는 낱말을 글에서 찾아 쓰세요.

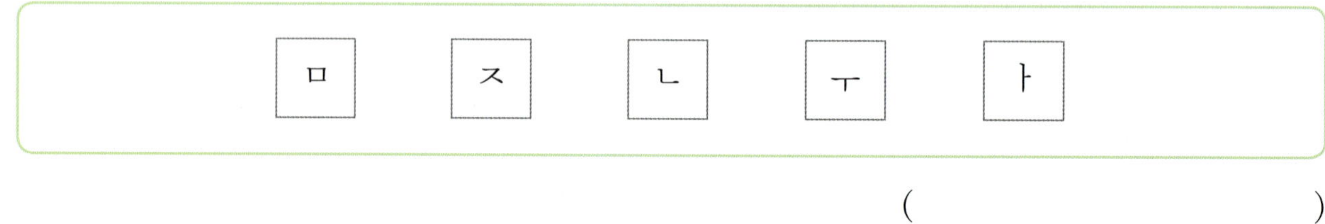

(　　　　　　　　　　　)

추론

8
241022-0098

이 글을 읽고 더 알고 싶은 점을 알맞게 질문한 친구의 이름을 쓰세요.

민지: 한글날은 언제일까?
하람: 한글의 자음자는 무엇을 본떠 만들었을까?
소윤: 한글로 된 예술 작품의 예는 어떤 것이 있을까?

(　　　　　　　　　　　)

어휘 문제

1 낱말과 그 낱말의 뜻을 알맞게 선으로 이으세요.

241022-0099

(1) 균형 •

(2) 결합 •

• ① 어느 한쪽으로 기울거나 치우치지 아니하고 고른 상태.

• ② 둘 이상의 사물이나 사람이 서로 관계를 맺어 하나가 됨.

2 다음 문장의 빈칸에 들어갈 말을 **보기**에서 골라 써넣으세요.

241022-0100

보기 상징   기념   유명

(1) 이 음식점은 독특한 요리법으로 (   )하다.
(2) 비둘기는 평화의 (   )으로 사람들에게 알려져 있다.

3 다음 뜻을 가진 낱말과 반대되는 낱말에 ○표를 하세요.

241022-0101

간단하고 편리함.

(1) 간소   (   )   (2) 복잡   (   )

4 다음 문장에 알맞은 말을 골라 ○표를 하세요.

241022-0102

(1) 한글날은 한글 창제를 (기증 / 기념)하여 만든 날이다.
(2) 한글은 (시각적 / 촉각적)으로도 아름다워서 이를 활용한 예술 작품이 많다.

✅ 글의 구조 파악하기

글을 읽고 내용을 정리한 표입니다. 빈칸에 알맞은 말을 **보기**에서 골라 써넣으세요.

보기 결합   특징   한글날   훈민정음

한글을 소개해요	
한글의 탄생	세종대왕이 1443년에 만든 문자로, (①)으로도 불림.
한글의 (②)	• 만든 원리가 과학적인 문자임. • 자음자와 모음자를 (③)하여 여러 글자를 만들 수 있음. • 시각적으로 아름다움.
(④)	한글 창제를 기념하여 만든 날

　우리가 먹는 음식은 여러 가지 재료로 만들어집니다. 비빔밥은 밥, 나물, 고기, 달걀, 고추장 등의 다양한 재료를 섞어서 만드는데, 이때 각 재료의 맛은 변하지 않고 고유의 맛을 유지합니다. 비빔밥에 들어간 고추장의 매운맛, 계란의 맛, 나물의 맛은 비빔밥으로 섞였다고 해서 각각의 고유한 맛이 변하지는 않습니다. 또한 김밥도 김, 밥, 단무지, 달걀, 당근, 시금치 등의 여러 가지 재료를 섞어서 만든 음식입니다. 이처럼 두 가지 이상의 물질이 원래의 성질은 변하지 않은 채 서로 섞여 있는 것을 혼합물이라고 합니다. 생활 속에서 볼 수 있는 혼합물에는 팥빙수, 샌드위치, 샐러드, 바닷물 등이 있습니다.

　이러한 혼합물은 ❶분리하면 원하는 물질을 얻어 필요한 곳에 사용할 수 있습니다. 예를 들어, 금과 모래가 섞인 사금에서 금을 분리하여 이용할 수 있습니다. 그렇다면 혼합물을 분리하는 방법에는 어떤 것들이 있을까요?

　콩, 팥, 좁쌀처럼 알갱이의 크기가 다른 고체가 섞여 있는 혼합물은 ㉠❷눈의 크기가 다른 두 개의 ❸체를 사용하면 쉽게 분리할 수 있습니다. 체의 눈보다 알갱이의 크기가 큰 것은 체에 남고, 체의 눈보다 알갱이의 크기가 작은 것은 체를 빠져나가기 때문입니다.

　또 자석에 붙는 성질을 이용해 혼합물을 분리할 수 있습니다. 서랍 안에 다른 물체들과 섞여 있는 납작못들을 분리할 때 자석을 사용하면 쉽게 분리할 수 있습니다. 납작못은 철로 만들어졌고, 철은 자석에 붙는 성질이 있기 때문입니다.

　물에 녹아 있는 물질을 분리할 때는 ❹증발의 방법을 사용하기도 합니다. 사람들은 바닷물을 ❺염전으로 모아 놓고 바람과 햇빛으로 물을 증발시켜 소금을 얻습니다.

　이처럼 혼합물을 다양한 방법을 이용해 분리하면 원하는 물질을 얻을 수 있고, 분리한 물질을 우리 생활의 필요한 곳에 이용할 수 있습니다.

⭐ **어휘 풀이**

❶ **분리하면**: 서로 나누어 떨어지게 하면.
❷ **눈**: 그물 따위에서 코와 코를 이어 이룬 구멍.
❸ **체**: 가루를 곱게 치거나 액체를 거르는 데 쓰는 기구.
❹ **증발**: 액체인 물이 표면에서 기체인 수증기로 상태가 변하는 현상.
❺ **염전**: 소금을 만들기 위하여 바닷물을 끌어 들여 논처럼 만든 곳.

1 241022-0103

핵심어

두 가지 이상의 물질이 원래의 성질은 변하지 않은 채 서로 섞여 있는 것을 뜻하는 말을 글에서 찾아 쓰세요.

(   )

2 241022-0104

내용 이해

이 글에서 설명한 비빔밥에 사용된 재료가 <u>아닌</u> 것을 고르세요. (   )

① 밥   ② 나물   ③ 토마토

④ 고기   ⑤ 고추장

3 241022-0105

내용 이해

이 글에서 설명하고 있는 것을 <u>모두</u> 골라 ○표를 하세요.

(1) 혼합물의 뜻   (   )

(2) 혼합물의 무게   (   )

(3) 혼합물의 분리 방법   (   )

4 241022-0106

개념 확인

혼합물에 대한 설명으로 알맞은 것을 <u>모두</u> 골라 ○표를 하세요.

(1) 혼합물을 분리하는 방법은 여러 가지다.   (   )

(2) 금과 모래가 섞인 사금도 혼합물로 볼 수 있다.   (   )

(3) 혼합물에 섞여 있는 물질의 성질은 섞이기 전과 다르다. (   )

5 다음 중 혼합물로만 짝 지어진 것을 고르세요. (　　　　)

241022-0107

① 물, 김밥   ② 달걀, 소금물   ③ 비빔밥, 팥빙수

④ 팥, 샌드위치   ⑤ 설탕, 샐러드

6 밑줄 친 낱말이 ㉠과 같은 뜻으로 쓰인 문장을 골라 기호를 쓰세요.

241022-0108

㉮ 선희는 옷을 보는 눈이 높다.
㉯ 봄이 되자, 새싹의 눈이 튼다.
㉰ 어부는 그물의 눈을 고치고 있었다.
㉱ 눈이 많이 내리는 풍경이 아름답다.

(　　　　　　　　　)

7 다음은 혼합물을 어떤 방법으로 분리하고 있는지 글에서 찾아 쓰세요.

241022-0109

① 얕은 접시에 물과 설탕을 넣고 잘 섞어 설탕물을 만든다.

↓

② 햇빛이 잘 드는 곳에 설탕물을 놓고 며칠 동안 기다린다.

↓

③ 접시 위의 설탕물에 어떤 변화가 있는지 살펴본다.

(　　　　　　　　　)

8 다음은 알루미늄 캔과 철 캔을 자동 분리기에 넣고 분리하는 모습입니다. ㉮ 부분의 어떤 물체에 철 캔이 달라붙는 것인지 글에서 찾아 쓰세요.

241022-0110

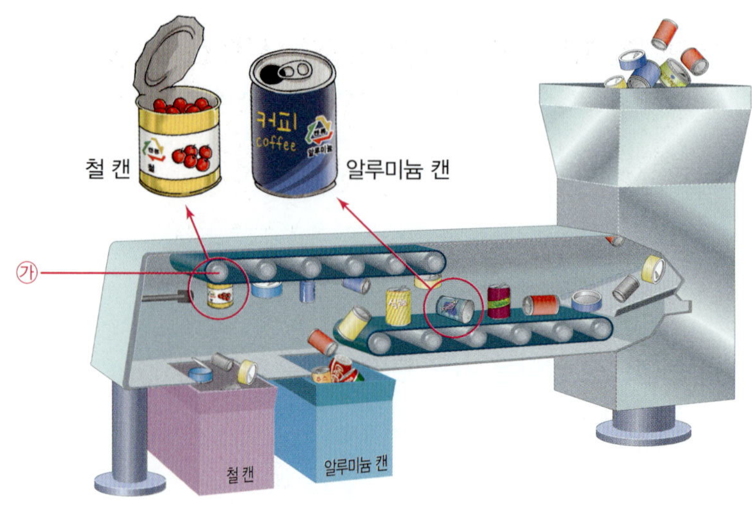

(　　　　　　　　　)

어휘 문제

1

241022-0111

낱말과 그 낱말의 뜻을 알맞게 선으로 이으세요.

(1) 분리 ·

(2) 증발 ·

· ① 서로 나누어 떨어지게 함.

· ② 액체인 물이 표면에서 기체인 수증기로 상태가 변하는 현상.

2

241022-0112

다음 문장의 빈칸에 들어갈 말을 **보기**에서 골라 써넣으세요.

보기 체   고체   성질

(1) 철 가루와 모래 가루의 혼합물에서 철 가루를 분리할 때는 자석에 붙는 (   )을/를 이용한다.

(2) 커피 원두를 갈아서 뜨거운 물에 넣고 우린 후, 거름망을 이용해 커피 물과 원두 찌꺼기를 분리한다. 이때, 거름망은 거름망의 구멍 크기보다 작은 커피 물만 통과시키는 (   )와/과 같은 역할을 한다.

3

241022-0113

다음 문장에 알맞은 말을 골라 ○표를 하세요.

(1) 여러 가지 채소들과 드레싱을 (섞으면 / 분리하면) 샐러드를 만들 수 있다.

(2) 콩, 옥수수, 좁쌀의 혼합물은 알갱이의 크기 (차이 / 차례)를 이용하여 분리한다.

글의 구조 파악하기   글을 읽고 내용을 정리한 표입니다. 빈칸에 알맞은 말을 **보기**에서 골라 써넣으세요.

보기 분리   성질   자석   증발

혼합물	
혼합물의 뜻	• 두 가지 이상의 물질이 원래의 (①)은/는 변하지 않은 채 서로 섞여 있는 것. • 생활 속에서 볼 수 있는 혼합물의 예: 비빔밥, 김밥, 팥빙수, 샌드위치, 샐러드, 바닷물 등
혼합물 (②) 방법	• 알갱이의 크기 차이 이용 • (③)에 붙는 성질 이용 • 물에 녹아 있는 물질: (④)의 방법 이용
혼합물을 분리하면 좋은 점	원하는 물질을 얻어 생활 속에서 이용할 수 있음.

✿ 다음 암호를 풀어서 뜻에 알맞은 낱말을 각각 쓰세요.

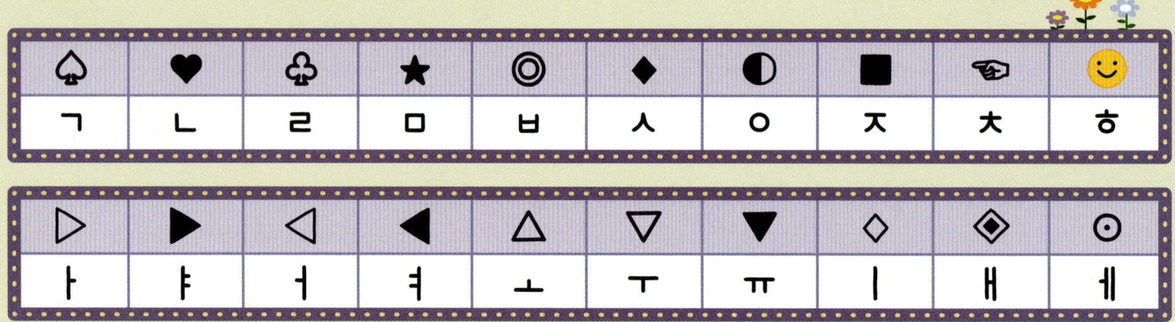

1. 일이 없어 남는 시간.

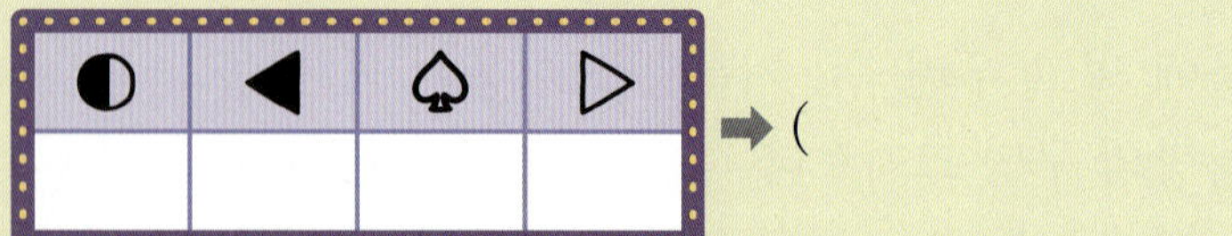 → (   )

2. 선대의 인류가 후대에 남긴 물건.

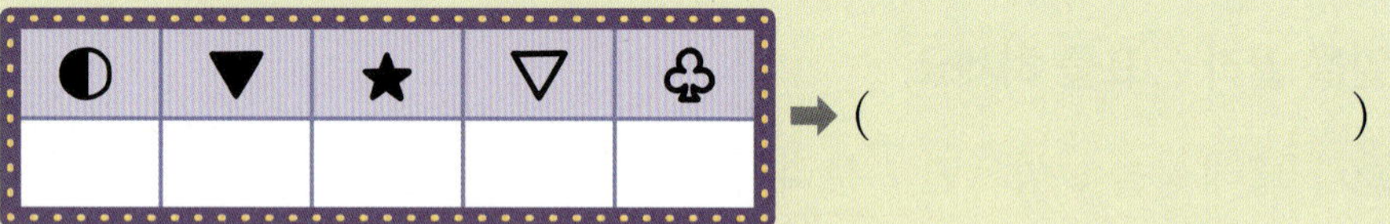 → (   )

3. 전에 없던 것을 처음으로 만드는 것.

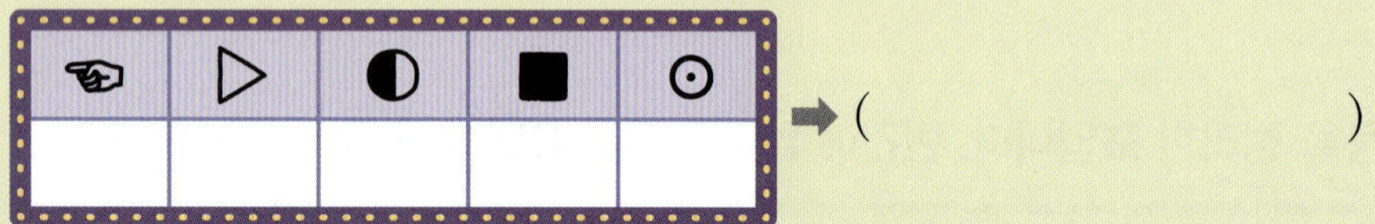 → (   )

4. 인간이 생활하는 데 필요한 각종 물건을 만들어 냄.

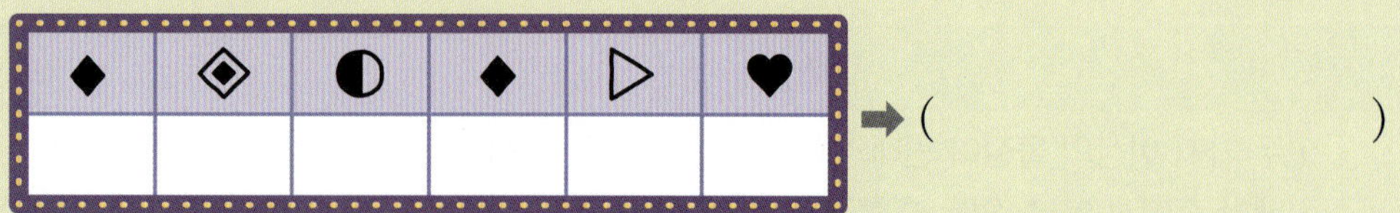 → (   )

5. 두 가지 이상의 물질이 원래의 성질은 변하지 않은 채 서로 섞여 있는 것.

 → (   )

3주

주제	학습 내용	학습 완료일
1일 사회	**경제 활동에 참여해요** 생산과 소비 등 경제 활동에 대해 소개하고 현명한 소비를 하는 방법을 안내하는 글입니다.	월 일 맞은 문제 수 개/11개 확인
2일 사회	**우리 사회는 이렇게 변하고 있어요** 저출생, 고령화, 정보화 등 우리 사회의 특징에 대해 설명하는 글입니다.	월 일 맞은 문제 수 개/11개 확인
3일 도덕	**서로 다른 문화 알아보기** 주생활과 식생활을 중심으로 서로 다른 문화별 특징을 설명하는 글입니다.	월 일 맞은 문제 수 개/11개 확인
4일 과학	**물은 충분할까, 부족할까?** 전 세계적으로 문제가 되는 물 부족 현상에 대해 알아보는 글입니다.	월 일 맞은 문제 수 개/11개 확인
5일 과학	**지진이 일어났어요** 자연재해인 지진에 대해 소개하는 글입니다.	월 일 맞은 문제 수 개/11개 확인

경제 활동에 참여해요

'경제 활동'이란 사람이 생활하는 데 필요한 여러 가지 것을 만들고 사용하는 것과 관련된 모든 활동을 말합니다. 경제 활동 중 생활에 필요한 물건을 만들거나 우리 생활을 편리하고 즐겁게 해 주는 활동을 '생산'이라고 하고, 생산한 것을 쓰거나 서비스를 이용하는 활동을 '소비'라고 합니다.

생산은 생산물이 눈에 보이는지에 따라, 생산물을 어떻게 얻는지에 따라, 세 가지 종류로 나누어집니다. 첫째, 생활에 필요한 것을 자연에서 얻는 생산 활동입니다. 벼농사를 지어 쌀을 얻거나, 바다에서 물고기를 잡는 것이 이 활동의 대표적 예입니다. 둘째, 생활에 필요한 것을 만드는 생산 활동입니다. 공장에서 자동차를 만들거나, 건물을 짓는 것, 과자를 만드는 것 등의 활동이 이에 포함됩니다. 셋째, 생산물이 눈에 보이지 않지만 생활을 편리하고 즐겁게 해 주는 생산 활동입니다. 극장에서 공연을 하거나, 병원에서 환자를 진료하거나, 상점에서 물건을 파는 등의 활동이 이에 포함됩니다. 이렇게 만들어진 생산물을 소비함으로써 우리의 삶은 ❶윤택해지게 됩니다.

생산 활동을 할 때는 ❷자원이 필요합니다. 예를 들어 빵을 만들 때는 밀가루나 버터 등의 자원이 필요합니다. 제빵사의 노동력도 빵을 만드는 데 빼놓을 수 없는 자원입니다.

소비 활동을 할 때는 돈이 필요합니다. 원하는 생산물이 무엇인지에 따라, 얼마나 원하는지에 따라 필요한 돈의 양은 달라집니다. 그런데 사람들이 원하는 만큼 경제 활동을 하기에는 사람들이 가진 자원이나 돈의 양은 ❸한정되어 있습니다. 이처럼 사람들이 원하는 것은 많지만 그것을 모두 갖기에는 돈이나 자원이 부족한 상태를 ❹'희소성'이라고 합니다.

그렇다면 주로 소비 활동에 참여하는 우리들이 ❺현명한 소비를 하기 위해서는 어떻게 해야 할까요? 우선 자신이 쓸 수 있는 돈은 얼마나 되는지, 사고 싶은 물건이 자신의 생활에 꼭 필요한 것인지 생각해 봅니다. 그리고 사고 싶은 물건에 대한 정보를 충분히 수집해야 합니다. 인터넷을 검색하거나 광고를 보고, 혹은 그 물건을 사용해 본 사람과의 대화를 통해 정보를 얻을 수 있습니다. 상점에 가서 직접 그 제품을 살펴보는 것도 좋은 방법입니다. 그 후에 물건의 가격, 디자인 등을 비교하여 소비할 물건을 선택하도록 합니다. 이렇게 소비를 하면 자신에게 알맞은 물건을 골라 큰 만족감을 얻을 수 있고, 돈도 절약할 수 있습니다.

⭐ 어휘 풀이

❶ **윤택해지게**: 살림이 넉넉하고 풍부해지게.
❷ **자원**: 생활에 필요한 것을 만드는 데 사용되는 모든 것.
❸ **한정되어**: 수량이나 범위 따위가 제한되어 정해져.
❹ **희소성**: 인간의 물질적 욕구에 비하여 그 충족 수단이 질적·양적으로 제한되어 있거나 부족한 상태.
❺ **현명한**: 어질고 슬기로워 사리에 밝은.

1

핵심어

사람이 생활하는 데 필요한 여러 가지 것을 만들고 사용하는 것과 관련된 모든 활동을 가리키는 말을 글에서 찾아 쓰세요.

(   )

2 241022-0115

적용

다음 낱말에 해당하는 활동을 알맞게 선으로 이으세요.

(1) 생산 •

(2) 소비 •

• ① 집에서 먹을 빵을 사는 일

• ② 무용수가 발레 공연을 하는 일

3 241022-0116

분류

다음과 같은 생산 활동을 기준에 따라 알맞게 나누어 기호를 쓰세요.

㉮ 공연하기	㉯ 건물 짓기	㉰ 버섯 따기
㉱ 벼농사 짓기	㉲ 환자 진료하기	㉳ 자동차 만들기

(1) 생활에 필요한 것을 자연에서 얻는 활동: (,   )

(2) 생활에 필요한 것을 만드는 활동: (,   )

(3) 생활을 편리하고 즐겁게 해 주는 활동: (,   )

4 241022-0117

내용 이해

다음에서 설명하는 낱말을 글에서 찾아 쓰세요.

사람들이 원하는 것은 많으나 그것을 모두 갖기에는 부족한 상태.

(   )

분류

5 다음은 생산 활동을 ㉮와 ㉯로 나눈 것입니다. ㉮와 ㉯로 나눈 기준을 알맞게 말한 친구의 이름을 쓰세요.

241022-0118

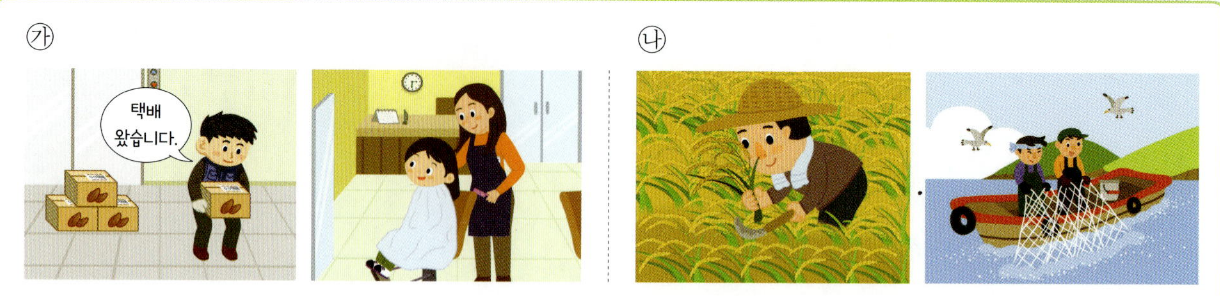

다인: 생산물이 눈에 보이는 것인지, 아닌지에 따라 나누었구나!
예나: 생산물이 자연에서 얻는 것인지, 사람의 손으로 만드는 것인지에 따라 나누었구나!

(   )

내용 이해

6 현명한 소비를 하기 위해 고려할 점으로 알맞지 <u>않은</u> 것을 <u>두 가지</u> 고르세요. (,   )

241022-0119

① 그 물건이 자신에게 꼭 필요한 물건인가?
② 그 물건이 친구들에게 자랑할 수 있는 것인가?
③ 그 물건을 사용해 본 사람들의 평가는 어떠한가?
④ 그 물건이 유명한 사람이 가지고 있는 것과 같은 것인가?
⑤ 그 물건을 사기 위해 자신이 쓸 수 있는 돈은 얼마나 되는가?

내용 요약

7 현명한 소비를 하면 어떤 점이 좋은지 찾아 쓰세요.

241022-0120

____

추론

8 다음은 생산과 소비 가운데에서 무엇과 관련 있는 내용인지 찾아 쓰세요.

241022-0121

• 돈의 사용 계획을 미리 세우고 가계부를 쓴다.
• 알맞은 선택 기준을 세우고 선택 기준에 맞는 물건을 고른다.

(   )

어휘 문제

1

241022-0122

낱말과 그 낱말의 뜻을 알맞게 선으로 이으세요.

(1) 선택 •

(2) 한정 •

• ① 수량이나 범위 따위를 제한하여 정함.

• ② 여럿 가운데서 필요한 것을 골라 뽑음.

2

241022-0123

다음 문장의 빈칸에 들어갈 말을 **보기**에서 골라 써넣으세요.

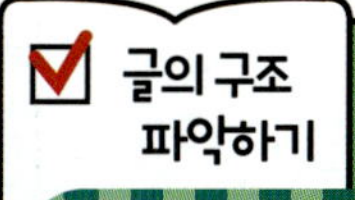

보기 자연   자원

(1) 물고기 잡기는 생활에 필요한 것을 (　　　　　)에서 얻는 활동이다.

(2) 사람들은 희소한 (　　　　　)을 이용해 여러 가지 물건을 생산한다.

3

241022-0124

다음 문장에 알맞은 말을 골라 ◯표를 하세요.

(1) 물건뿐 아니라 눈에 보이지 않는 서비스에 돈을 쓰는 것도 (생산 / 소비)(이)라고 한다.

(2) (현명한 / 편안한) 선택을 하기 위해서는 필요성, 가격, 품질 등을 미리 꼼꼼하게 따져 봐야 한다.

☑ **글의 구조 파악하기**　글을 읽고 내용을 정리한 표입니다. 빈칸에 알맞은 말을 **보기**에서 골라 써넣으세요.

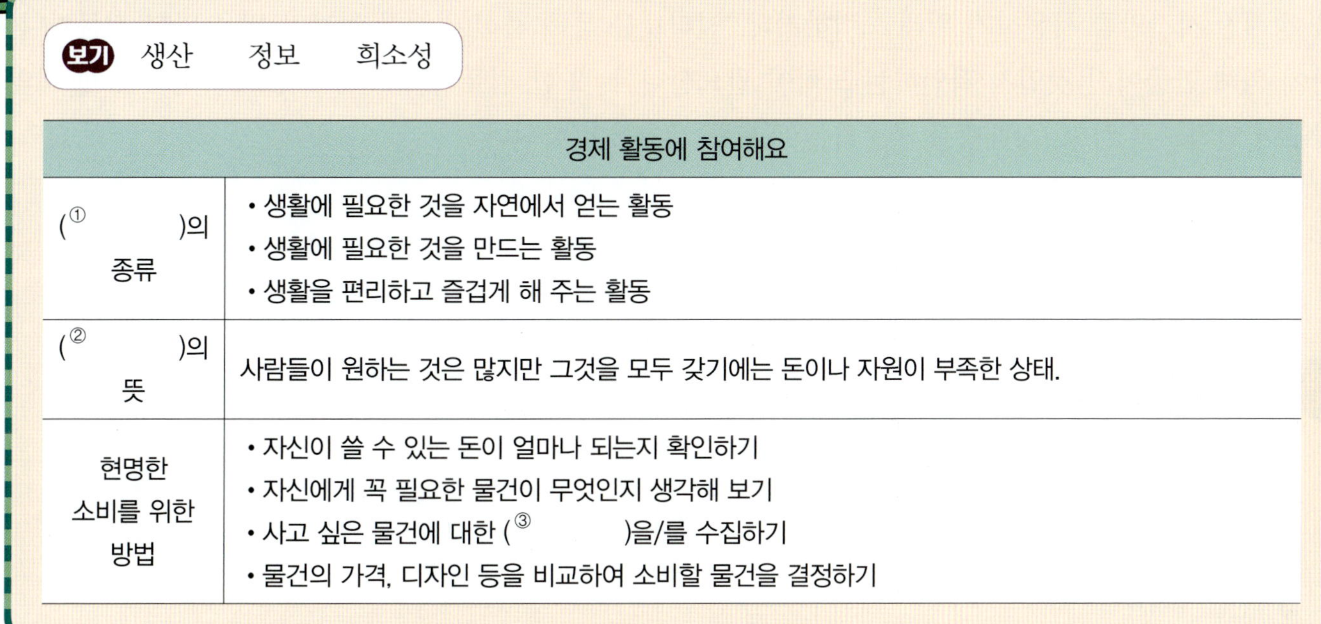

보기 생산   정보   희소성

경제 활동에 참여해요	
(① 　　　　)의 종류	• 생활에 필요한 것을 자연에서 얻는 활동 • 생활에 필요한 것을 만드는 활동 • 생활을 편리하고 즐겁게 해 주는 활동
(② 　　　　)의 뜻	사람들이 원하는 것은 많지만 그것을 모두 갖기에는 돈이나 자원이 부족한 상태.
현명한 소비를 위한 방법	• 자신이 쓸 수 있는 돈이 얼마나 되는지 확인하기 • 자신에게 꼭 필요한 물건이 무엇인지 생각해 보기 • 사고 싶은 물건에 대한 (③ 　　　　)을/를 수집하기 • 물건의 가격, 디자인 등을 비교하여 소비할 물건을 결정하기

요즘 우리 사회는 0~14세 인구가 점점 줄어들고 있습니다. 예전보다 태어나는 아이의 수가 줄어들고 있기 때문입니다. 이렇게 태어나는 아이의 수가 줄어드는 현상을 '저출생'이라고 합니다. 많은 지역에서 저출생 현상이 나타나고 있고, 초등학생 수가 계속 줄어드는 한편, 어떤 지역에서는 신입생이 없는 초등학교가 생기기도 합니다. 저출생을 해결하기 위해서는 어떻게 해야 할까요? 아이를 낳아 키울 수 있도록 교육비 지원 등 경제적인 도움을 주거나, 아이를 안전하게 맡기고 기를 수 있는 보육 시설을 늘릴 필요가 있습니다.

반면 65세 이상 인구는 점점 늘어나는 ❶추세에 있습니다. 65세 이상 인구, 즉 노인 인구가 차지하는 비율이 늘어나는 현상을 '고령화'라고 합니다. 의학이 발달하면서 인간의 수명이 늘어났기 때문에 앞으로도 고령화는 더 심해질 것으로 ❷전망됩니다. 고령화에 대비하기 위해서는 노인들의 건강을 ❸정기적으로 점검해 주는 등 행복하게 살아갈 수 있는 제도가 필요합니다. 노인에게 적절한 일자리를 마련해 주는 것은 노인들에게 경제적으로 도움을 주고, 건강에도 도움이 됩니다. 노인정, 요양원 등 노인들이 이용할 ❹복지 시설도 다양하게 준비되어야 합니다.

저출생, 고령화와 더불어 '정보화'도 요즘 우리 사회의 중요한 특징입니다. 정보화는 사회가 발전해 나가는 데 정보가 중요한 자원이 되어 사회가 크게 변화하는 것을 뜻하는 말입니다. 인터넷이 연결된 스마트폰이나 컴퓨터만 있으면, 오늘 세상에서 어떤 일이 벌어지고 있는지, 내일 날씨가 어떨지 등 다양한 정보를 알 수 있습니다. 학교 누리집을 통해 집에서 학교 소식을 접할 수 있고, 디지털 교과서로 다양한 자료를 쉽게 찾아 학습할 수 있습니다.

그러나 정보화로 인하여 여러 문제가 나타나기도 합니다. 인터넷에 중독되는 현상이 벌어지거나, 잘못된 정보가 빠른 속도로 ❺확산될 수 있습니다. 컴퓨터나 스마트폰으로 다른 사람과 대화할 때, 상대의 표정이 보이지 않아 쉽게 다툼이 일어나기도 합니다. 이러한 문제를 해결하기 위해서는 컴퓨터나 스마트폰을 정해진 시간만큼 사용하기 위해 노력하거나, 인터넷을 통해 자신이 접한 정보가 믿을 만한 전문가나 기관에 의해 만들어진 것인지 확인하는 노력이 필요합니다. 또한 컴퓨터나 스마트폰으로 대화할 때 예의를 갖추어 말하도록 하고, 상대방을 존중하는 태도를 갖추어야 합니다.

☀ 어휘 풀이

❶ **추세**: 어떤 일이나 현상이 일정한 방향으로 나아가는 경향.

❷ **전망됩니다**: 앞날이 미리 예상됩니다.

❸ **정기적**: 기한이나 기간이 일정하게 정해져 있는 것.

❹ **복지**: 편안하고 행복하게 사는 삶.

❺ **확산될**: 흩어져 널리 퍼질.

1 [핵심어]
241022-0125

㉮, ㉯에 들어갈 알맞은 말을 글에서 찾아 쓰세요.

> 아빠: 최근 [㉮] 현상이 점점 더 심해지고 있어. 출생아 수가 예전에 비해 많이 줄어들고 있다는 말이야.
>
> 현우: 맞아요. 그리고 노인 인구가 계속 늘어나는 [㉯] 현상도 심해지고 있어요.

(1) ㉮: (   )   (2) ㉯: (   )

2 [내용 이해]
241022-0126

저출생 문제를 해결하기 위한 방법으로 알맞은 것을 <u>모두</u> 골라 ○표를 하세요.

(1) 교육비 지원하기　　　(　　　　)
(2) 보육 시설 늘리기　　　(　　　　)
(3) 노인 일자리 만들기　　(　　　　)
(4) 인간의 수명 늘리기　　(　　　　)

3 [추론]
241022-0127

고령화로 변화할 일상생활의 모습으로 알맞은 것을 고르세요. (　　　　)

① 초등학교의 수가 늘어날 것이다.
② 다양한 정보가 빠르게 확산될 것이다.
③ 노인 전문 병원의 수가 늘어날 것이다.
④ 노인 인구가 차지하는 비율이 줄어들 것이다.
⑤ 정보가 중요한 자원이 되는 사회가 될 것이다.

4 [내용 이해]
241022-0128

아나운서의 말 중 '이것'이 가리키는 낱말이 무엇인지 글에서 찾아 쓰세요.

(   )

5 추론

241022-0129

다음 문장에 알맞은 말을 골라 ○표를 하세요.

(1) 요즘 학생 수가 줄어드는 학교가 (줄어들고 / 늘어나고) 있다.
(2) 계속된 저출생으로 일할 사람이 점점 (줄어들고 / 늘어나고) 있다.

6 추론

241022-0130

'정보화'와 관련하여 학교에서 볼 수 있는 모습으로 알맞지 <u>않은</u> 것을 고르세요. (   )

① 학교 누리집을 통해 학교의 소식을 알린다.
② 학생들이 디지털 교과서로 자료를 찾아 학습한다.
③ 점심 시간에 급식실에 가서 친구들과 점심을 먹는다.
④ 수업과 관련이 있는 다양한 자료를 인터넷에서 찾아본다.
⑤ 체육 시간 전에 스마트폰으로 오늘의 기온 등을 확인한다.

7 내용 요약

241022-0131

컴퓨터나 스마트폰으로 다른 사람과 대화할 때 주의해야 할 점을 한 가지만 간추려 쓰세요.

____

8  적용

241022-0132

다음 대화를 읽고, 밑줄 친 부분에 들어갈 알맞은 내용을 쓰세요.

> 민지: 인터넷에서 이순신 장군에 대한 정보를 찾았는데, 어떤 것이 믿을 만한 내용인지 모르겠어.
> 솔잎: 맞아. 인터넷에는 믿을 만한 정보와 그렇지 않은 정보가 섞여 있어. 그럴 때는 그 정보가 _______
> ____
> ____

어휘 문제

1 낱말과 그 낱말의 뜻을 알맞게 선으로 이으세요.

241022-0133

(1) 확산 •

(2) 추세 •

• ① 흩어져 널리 퍼짐.

• ② 어떤 일이나 현상이 일정한 방향으로 나아가는 경향.

2 다음 문장의 빈칸에 들어갈 말을 보기에서 골라 써넣으세요.

241022-0134

보기 존중   복지

(1) 모든 사람은 다른 사람에게 (   )을/를 받아야 한다.
(2) 정부는 국민의 (   )을/를 향상시키기 위해 노력한다.

3 다음 문장에 알맞은 말을 골라 ○표를 하세요.

241022-0135

(1) 많은 사람들이 그 운동선수의 미래를 밝게 (관찰하고 / 전망하고) 있다.
(2) 실내 공기를 맑게 유지하려면 앞으로도 공기질을 (정기적 / 일시적)으로 관리해야 한다.

✓ 글의 구조 파악하기 글을 읽고 내용을 정리한 표입니다. 빈칸에 알맞은 말을 보기에서 골라 써넣으세요.

보기 고령화   저출생   정보

우리 사회는 이렇게 변하고 있어요	
(①)	태어나는 아이의 수가 줄어드는 현상
(②)	노인 인구가 차지하는 비율이 늘어나는 현상
정보화	• 사회가 발전해 나가는 데 (③)이/가 중요한 자원이 되어 사회가 크게 변화하는 것 • 인터넷이 연결된 스마트폰이나 컴퓨터로 다양한 정보를 알 수 있음. • 학교 누리집, 디지털 교과서를 이용할 수 있음.

오랜 세월을 함께 생활하며 살아온 사람들 사이에서는 비슷한 생활 방식을 찾을 수 있습니다. 이처럼 사람들이 가지고 있는 공통적인 생활 방식을 '문화'라고 부릅니다. 어떤 문화에 속해 있느냐에 따라 사람이 살아가는 방식에는 많은 차이가 있습니다.

우리나라 사람들은 집 안에서 신발을 벗고 생활합니다. 그리고 예로부터 따뜻한 방바닥에 앉아서 생활하는 문화인 '좌식 문화'가 발달했습니다. 밥을 먹을 때 방바닥에 밥상을 펴거나, 공부할 때도 바닥에 앉아서 했습니다. 이러한 문화가 발달한 것은 우리나라가 예로부터 온돌을 사용하여 ❶난방을 했기 때문입니다. 온돌은 방바닥을 ❷가열하여 방을 따뜻하게 하는 장치입니다. 온돌을 사용하면 온기가 방바닥에서부터 위쪽으로 전달되어, 방의 위쪽보다 바닥이 더 따뜻했습니다. 그래서 바닥에 앉아서 생활하는 것이 더 편안하고 자연스러웠던 것입니다.

반면 서양 사람들은 집 안에서 신발을 신고 생활합니다. 방바닥에 앉기보다는 소파나 의자에 앉아서 생활하는 문화인 '입식 문화'가 발달했습니다. 이러한 문화가 발달한 것은 난로를 이용해서 난방을 해 온 결과입니다. 난로를 이용하면 난로 주변의 공기부터 데워지는데, 방바닥에는 온기가 잘 전해지지 않습니다. 그래서 자연스럽게 실내에서도 신발을 신거나 의자를 이용하는 문화가 발달한 것입니다.

문화에 따라 ☐㉠☐에도 차이가 있습니다. 힌두교를 믿는 사람들은 소고기를 먹지 않습니다. 힌두교에서는 소를 ❸신성하게 여기기 때문입니다. 이슬람교를 믿는 사람들은 돼지고기를 먹지 않는데, 이슬람교에서 돼지는 멀리하는 동물이기 때문입니다.

음식을 먹는 예절에도 차이가 있습니다. 우리나라에서는 밥을 먹을 때 밥그릇을 손에 들지 않습니다. 밥그릇을 들고 먹으면 복이 달아난다는 이야기도 있습니다. 반면 일본과 중국에서는 밥그릇을 손에 들고 젓가락으로 밥을 먹습니다. 중국에서는 국을 마실 때 숟가락을 이용하고, 일본에서는 국그릇을 들고 국물을 마시는 것은 중국과 일본이 서로 다른 점입니다.

우리와 다른 문화를 가진 사람들이 우리와 다른 생활 방식으로 살아간다고 해서 그것이 ☐㉡☐ 방식인 것은 아닙니다. 단지 우리의 문화와 ☐㉢☐ 것일 뿐입니다. 그러므로 우리는 서로의 문화를 이해하고자 노력해야 합니다.

1 핵심어
241022-0136

사람들이 가지고 있는 공통적인 생활 방식을 가리키는 말을 글에서 찾아 쓰세요.

(   )

2 적용
241022-0137

친구가 한 말에서 알맞은 내용을 골라 ◯표를 하세요.

3 추론
241022-0138

입식 문화와 관련 있는 것이 <u>아닌</u> 것을 골라 쓰세요.

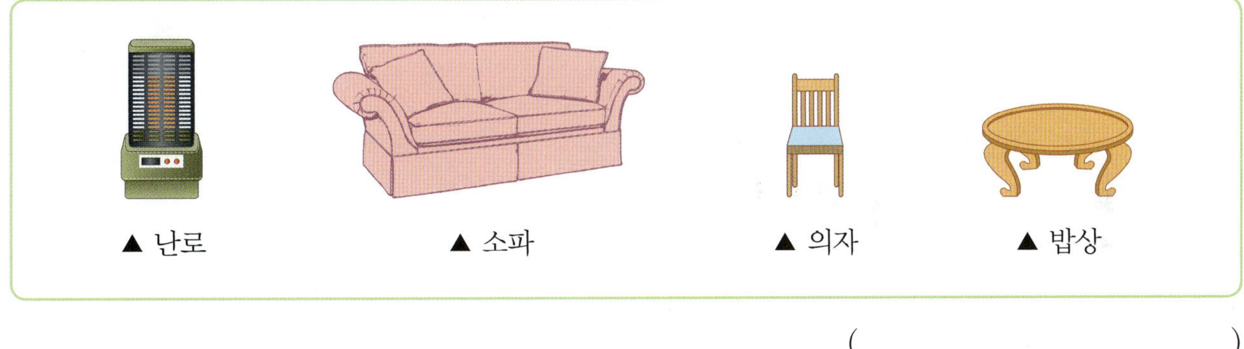

(   )

4 추론
241022-0139

다음 빈칸에 들어가기에 알맞은 내용을 고르세요. (   )

① 난방을 하는 방식   ② 신발을 신는 방식

③ 바닥에 앉는 방식   ④ 청소를 하는 방식

⑤ 의자에 앉는 방식

추론

5
241022-0140

㉠에 들어가기에 알맞은 말을 고르세요. (   )

① 가리는 음식
② 의지하는 종교
③ 사용하는 언어
④ 음식을 먹는 시간
⑤ 나라를 상징하는 동물

추론

6
241022-0141

㉡, ㉢에 들어갈 말로 알맞은 것을 골라 ◯표를 하세요.

(1) ㉡: (다른 / 틀린)
(2) ㉢: (다른 / 틀린)

내용 요약

7
241022-0142

우리나라와 일본은 음식을 먹는 예절이 어떻게 다른지 한 가지만 간추려 쓰세요.

____

적용

8
241022-0143

다음을 읽고 율현이의 대답으로 알맞은 내용을 골라 ◯표를 하세요.

준우: 힌두교를 믿는 사람들은 소고기를 먹지 않는다면서?

율현: ____

(1) 힌두교에서는 소를 신성한 동물로 여기기 때문이야.   (   )
(2) 힌두교에서는 소를 멀리하는 동물로 여기기 때문이야.   (   )

어휘 문제

1

241022-0144

낱말과 그 낱말의 뜻을 알맞게 선으로 이으세요.

(1) 난방 •

(2) 냉방 •

• ① 기계를 사용하여 실내의 온도를 낮추는 일.

• ② 건물 안이나 방 안의 온도를 높여 따뜻하게 하는 일.

2

241022-0145

다음 문장에 알맞은 말을 골라 ○표를 하세요.

(1) 방바닥에 앉아서 생활하는 것을 (좌식 / 입식) 문화라고 한다.
(2) 소파나 의자에 앉아서 생활하는 것을 (좌식 / 입식) 문화라고 한다.

3

241022-0146

다음의 뜻을 가진 낱말을 쓰세요.

(1) 어떤 물질에 뜨거운 열을 가하다. → (   )하다.
(2) 함부로 가까이할 수 없을 만큼 귀하고 위대하다. → (   )하다.

☑ **글의 구조 파악하기**

글을 읽고 내용을 정리한 표입니다. 빈칸에 알맞은 말을 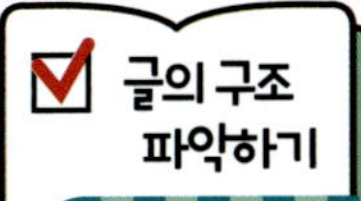에서 골라 써넣으세요.

보기 난로 문화 밥그릇 온돌

서로 다른 (①) 알아보기	
실내 생활 방식	• (②)(으)로 난방을 하는 우리나라는 좌식 문화가 발달함. • (③)(으)로 난방을 하는 서양은 입식 문화가 발달함.
가리는 음식	• 힌두교는 신성하게 여기는 동물인 소를 먹지 않음. • 이슬람교는 멀리하는 동물인 돼지를 먹지 않음.
음식을 먹는 예절	• 우리나라는 (④)을/를 들지 않고 밥을 먹음. • 일본은 밥그릇을 들고 밥을 먹고, 국그릇을 들고 국을 마심. • 중국은 밥그릇을 들고 밥을 먹고, 국을 마실 때 숟가락을 씀.

지구에는 물이 많습니다. 그 양이 얼마나 많은지, 지구 ❶표면의 절반 이상이 물로 뒤덮여 있습니다. 지구에 있는 물은 형태를 바꾸면서 지구 안을 ❷순환합니다. 바다나 강 등에 있던 물이 수증기가 되어 하늘로 올라갔다가, ❸응결되어 땅으로 다시 내려옵니다. 그러므로 지구에 있는 물의 총량은   ㉠ . 그런데 지구에는 안전하게 마실 수 있는 물을 공급받지 못하는 인구가 20억 명에 달한다고 합니다. 전 세계 인구가 100명이라고 할 때 26명은 깨끗한 물을 마실 수 없다는 뜻입니다. 왜 이런 물 부족 현상이 벌어지는 것일까요?

전 세계적인 인구 증가와 산업 발달로 물의 사용량이 크게 늘었고, 수질 오염이 심각해졌습니다. 본래 지구에 있는 물의 대부분은 바닷물로, 사람이 마실 수 없는 물입니다. 그런데 인구가 증가하면서 식량을 생산하기 위해 사용해야 하는 물의 양이 늘어나고, 여러 공장에서 ❹배출되는 오염 물질이 강을 오염시키면서 사람이 마실 수 있는 물의 양은 더욱 감소하게 되었습니다.

우리나라의 물 문제는 어떨까요? 사용할 수 있는 물의 양을 기준으로 전 세계 국가를 셋으로 나누어 볼 수 있습니다. 연간 1인당 이용할 수 있는 물의 양이 1,700톤을 넘는 나라를 물 풍요 국가, 1,000~1,700톤 사이인 나라를 물 스트레스 국가라고 합니다. 또 1,000톤이 되지 않는 나라는 물 ❺기근 국가라고 합니다. 우리나라는 연간 1인당 약 1,400톤의 물을 쓸 수 있는데, 이는 세계 153개국 중 129위에 불과한 수준이라고 합니다. 우리나라에는 전 세계 평균보다 많은 비가 내리지만, 비가 여름에 집중적으로 내려 대부분 바다로 흘러 들어가고, 봄과 가을에는 가뭄으로 어려움을 겪고 있습니다.

이러한 물 부족 현상을 해결하기 위해 전 세계가 함께 노력하고 있습니다. 바닷물을 마실 수 있는 물로 바꾸는 방법을 연구하고, 산업에서도 물을 절약할 수 있는 기술을 개발하고 있습니다. 우리도 양치할 때 양치 컵을 사용하거나, 샤워 시간 줄이기 등을 일상에서 실천하여 물 부족을 해결하기 위해 힘을 모아야 합니다.

✦ 어휘 풀이

❶ **표면**: 사물의 가장 바깥쪽. 또는 가장 윗부분.
❷ **순환합니다**: 어떤 행동이나 현상이 하나의 과정을 지나 다시 처음 자리로 돌아오는 것을 되풀이합니다.
❸ **응결되어**: 액체가 한 덩어리로 엉기어 뭉치게 되어.
❹ **배출되는**: 안에서 만들어진 것이 밖으로 밀려 내보내지는.
❺ **기근**: 필요한 것이 매우 모자라는 상태.

1

핵심어

이 글에서 다루고 있는 중심 글감은 무엇인지 글에서 찾아 쓰세요.

(　　　　　　　　) 현상

2

내용 이해

이 글을 읽고 알 수 있는 내용을 <u>모두</u> 골라 기호를 쓰세요.

> ㉮ 우리나라에서 물이 부족해지는 계절
> ㉯ 바닷물을 마실 수 있는 물로 바꾸는 방법
> ㉰ 안전하게 마실 수 있는 물을 공급받지 못하는 인구의 수

(　　　　,　　　　)

3

적용

다음 글의 ☆☆과 우리나라를 비교한 내용으로 알맞은 것에 <u>모두</u> ○표를 하세요.

> 　저는 ☆☆이라는 나라에 살아요. ☆☆에는 연간 사용할 수 있는 물의 양이 1인당 약 1,200톤입니다. 지금은 물을 사용하는 데 불편이 없지만, 계절에 따라 물이 부족한 일이 생기고는 합니다.

(1) ☆☆과 우리나라는 물 사용에 불편이 없는 물 풍요 국가이다.　(　　　)

(2) ☆☆과 우리나라는 계절에 따라 물이 부족한 일이 생기고는 한다.　(　　　)

(3) ☆☆은 우리나라보다 연간 1인당 사용할 수 있는 물의 양이 적다.　(　　　)

4

추론

㉠에 들어갈 내용으로 알맞은 것을 골라 ○표를 하세요.

> 　　지구에 있는 물의 총량은 (변합니다 / 변하지 않습니다).

적용

5

241022-0151

물을 절약하기 위해 친구에게 해 줄 수 있는 알맞은 말을 쓰세요.

내용 이해

6

241022-0152

다음 문장에 알맞은 말을 골라 ○표를 하세요.

(1) 지구에 있는 물은 대부분 사람이 마실 수 (있는 / 없는) 물이다.

(2) 우리나라에는 전 세계 평균보다 (적은 / 많은) 비가 내리고 있다.

내용 요약

7

241022-0153

지구 표면의 절반 이상이 물인데, 안전하게 마실 물을 공급받지 못하는 인구가 20억 명에 달합니다. 그 이유를 한 가지만 간추려 쓰세요.

적용

8

241022-0154

이 글을 읽은 친구의 반응으로 알맞지 **않은** 것을 고르세요. (   )

① 우리나라 사람들은 봄과 가을보다는 여름에 특히 물을 아껴 써야겠어.

② 난 가끔 수도꼭지를 잠그지 않는데, 이런 습관을 고치도록 주의해야겠어.

③ 우리 학교에 빗물을 모으는 시설을 짓는다는데, 물 절약에 도움이 되겠어.

④ 학교에서 양치할 때 물을 틀어 놓고 썼는데 앞으로 양치 컵을 준비해야겠어.

⑤ 앞으로 전 세계 인구가 더 늘어나면 물 부족 문제가 더 심각해질 수도 있겠어.

어휘 문제

1
241022-0155

낱말과 그 낱말의 뜻을 알맞게 선으로 이으세요.

(1) 응결되다 ·

(2) 배출되다 ·

· ① 액체가 한 덩어리로 엉기어 뭉치게 되다.

· ② 안에서 만들어진 것이 밖으로 밀려 내보내지다.

2
241022-0156

다음 문장에 알맞은 말을 골라 ○표를 하세요.

(1) 오염 물질을 배출하는 공장이 (증가 / 감소)하면 환경이 깨끗해진다.
(2) 우리 도시 교통량이 갑자기 (증가 / 감소)해서 길이 막히기 시작했다.

3
241022-0157

다음 뜻을 가진 낱말로 알맞은 것에 ○표를 하세요.

필요한 것이 매우 모자라는 상태.

(1) 절약 (   )　　　　　　　　　　(2) 기근 (   )

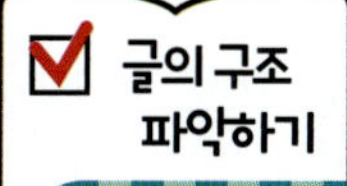 **글의 구조 파악하기**

글을 읽고 내용을 정리한 표입니다. 빈칸에 알맞은 말을 **보기**에서 골라 써넣으세요.

보기　수질　　여름　　인구

물은 충분할까, 부족할까?	
전 세계의 물 공급 현황	20억 명에 달하는 사람, 즉 100명 중 26명은 깨끗한 물을 공급받지 못하고 있음.
물이 부족한 원인	• (① 　　　) 증가로 식량 생산에 많은 물이 필요함. • 산업 발달로 (② 　　　) 오염이 심각해짐.
우리나라의 상황	연간 1인당 약 1,400톤의 물을 쓸 수 있는 물 스트레스 국가로, (③ 　　　)에 집중된 비가 대부분 바다로 흘러 내려감.
물 절약을 위한 노력	• 바닷물을 마실 수 있는 물로 바꾸는 기술 개발 • 물을 절약하기 위한 개인의 실천 필요

　땅은 단단합니다. 그러나 땅이 아무리 단단하다고 하더라도, 지구 내부에서 생기는 커다란 힘을 오랫동안 받으면 점점 휘어지고, 마침내 땅이 끊어지는 일이 생기고는 합니다. 그 순간 땅이 크게 흔들리는데, 이처럼 땅이 끊어지면서 흔들리는 것을 '지진'이라고 합니다.

　지진이 일어나면 땅 위의 도로가 끊어지거나 건물이 ❶붕괴되고, 산사태가 일어날 수 있습니다. 바다 밑에서 지진이 일어나면 커다란 파도를 일으키기도 하는데 이를 '지진 해일'이라고 합니다. 지진 해일은 그 높이가 수십 미터에 달하기도 합니다. 이로 인해 수많은 사람이 다치거나 죽을 수 있습니다.

　지진의 세기는 '규모'로 나타냅니다. 규모의 숫자가 클수록 세기가 큰 지진을 나타내는데, 규모 1이 증가할 때마다 약 32배만큼 강한 힘을 가진 지진임을 나타냅니다. 규모 3.0~3.9의 지진은 사람이 ❷감지할 수 있지만 특별한 피해를 주지는 않습니다. 규모 4.0~4.9의 지진은 방 안의 물건이 흔들리게 합니다. 규모 5.0~5.9의 지진은 지진이 일어난 중심지 근처에서 ❸부실하게 지어진 건물을 파괴할 수 있고, 규모 6.0~6.9의 지진은 중심지로부터 160km 이내의 건물을 파괴할 수 있습니다.

　우리나라는 이러한 지진으로부터 안전한 곳일까요? 2016년에 경북 경주시에서 규모 5.8, 2004년에 경북 울진에 규모 5.2의 지진이 일어났습니다. 신라 시대에는 규모 6.7로 ❹추정되는 큰 지진이 일어난 적도 있다고 합니다. 그러므로 우리나라는 ____________ ㉠ ____________.

　지진이 일어나면 ❺고정되지 않은 물건이 떨어지면서 사람이 다칠 수 있습니다. 그러므로 실내에 있다면, 탁자나 책상 아래로 들어가 몸을 보호해야 합니다. 이때 탁자나 책상의 다리를 꼭 잡도록 합니다. 흔들림이 멈추면 전기와 가스를 ❻차단하고 문을 열어 둡니다. 지진이 몇 차례 이어지는 경우, 문이 막히면 건물 밖으로 나가기 어려워지기 때문입니다. 이후 운동장이나 공원 등 넓은 공간으로 대피합니다. 건물 밖으로 나갈 때는 계단을 이용하고, 엘리베이터에 타고 있는 경우라면 모든 층의 버튼을 눌러 먼저 열리는 층에서 내려 계단을 이용하여 건물 밖으로 나갑니다. ㉡건물 밖에서 이동할 때는 가방이나 손으로 머리를 보호합니다. 그리고 그 후에는 라디오나 공공 기관의 안내 방송에 따라 행동합니다.

1
241022-0158

핵심어

이 글의 중심 글감이 무엇인지 찾아 ◯표를 하세요.

(1) 땅 (　　　　) 　　　　 (2) 지진 (　　　　) 　　　　 (3) 지진 해일 (　　　　)

2
241022-0159

내용 이해

다음에서 설명하는 낱말을 글에서 찾아 쓰세요.

> 지진의 세기를 나타내는 단위. 숫자가 클수록 세기가 큰 지진임을 나타냄.

(　　　　　　　　　　)

3
241022-0160

내용 요약

지진으로 인해 발생할 수 있는 피해를 한 가지만 간추려 쓰시오.

____

4
241022-0161

적용

다음을 읽고 이해한 내용으로 알맞은 것에 ◯표를 하세요.

> 지진 소식을 전해 드립니다. 지난 달에 A시에서 규모 3.0의 지진이 발생한 데에 이어, 이번 달에 B시에서 규모 4.0의 지진이 발생하였습니다.

(1) A시에서 발생한 지진은 B시에서 발생한 지진보다 약 32배 강한 힘으로 발생했다. (　　　　)

(2) A시와 B시에서 발생한 지진으로 인한 흔들림은 사람이 느낄 수 있을 정도였을 것이다.
(　　　　)

(3) B시에서 발생한 지진으로 B시에 있는 건물 중 일부 부실하게 지어진 건물이 파괴되었을 것이다. (　　　　)

내용 이해

5 이 글을 읽고 이해한 내용으로 알맞지 <u>않은</u> 것을 고르세요. (　　　)

241022-0162

① 지진은 지구 내부에서 생기는 힘을 받아 땅이 끊어지며 발생한다.
② 지진으로 인해 생기는 지진 해일의 높이는 수십 미터에 달할 수 있다.
③ 신라 시대에는 규모 6.0이 넘는 강한 세기의 지진이 발생한 적이 있다.
④ 지진이 한 번 멈춘 이후에는 문을 닫고 전기, 가스를 차단하도록 한다.
⑤ 지진이 일어나 대피할 때에는 운동장이나 공원 등 넓은 공간으로 간다.

적용

6 다음 상황에서 친구가 해야 할 행동으로 알맞은 것에 ◯표를 하세요.

241022-0163

(1) 긴급 멈춤 버튼을 눌러 엘리베이터의 작동을 멈춘다. (　　　)
(2) 1층 버튼을 눌러 1층으로 내려가 엘리베이터에서 내린다. (　　　)
(3) 모든 층의 버튼을 눌러 가능한 한 빨리 엘리베이터에서 내린다. (　　　)

추론

7 ㉠에 들어갈 내용으로 알맞은 것을 고르세요. (　　　)

241022-0164

① 지진이 일어날 시기를 예측할 수 있습니다.
② 지진이 더 이상 나지 않을 것으로 전망됩니다.
③ 지진이 일어나더라도 세기가 크지는 않을 것입니다.
④ 지진으로부터 안전한 곳이 아니라고 할 수 있습니다.
⑤ 지진으로부터 발생할 피해를 걱정할 정도는 아닙니다.

추론

8 ㉡의 이유로 알맞은 내용에 ◯표를 하세요.

241022-0165

(1) 땅이 흔들릴 경우 넘어지지 않도록 해야 하기 때문이다. (　　　)
(2) 도움이 필요하다는 신호를 주변에 보내야 하기 때문이다. (　　　)
(3) 높은 곳에서 떨어지는 물체에 머리를 다칠 위험이 있기 때문이다. (　　　)

어휘 문제

1
241022-0166

낱말과 그 낱말의 뜻을 알맞게 선으로 이으세요.

(1) 붕괴되다 •

(2) 고정되다 •

• ① 무너지고 깨지게 되다.

• ② 한곳에서 움직이지 않다. 또는 움직이지 않게 되다.

2
241022-0167

다음 문장의 빈칸에 들어갈 말을 **보기**에서 골라 써넣으세요.

보기 추정   차단

(1) 귀마개를 쓰면 소음을 (   )할 수 있다.
(2) 많은 학자들이 우리나라에도 지진이 일어날 것으로 (   )하고 있다.

3
241022-0168

다음의 뜻을 가진 낱말을 쓰세요.

(1) 느끼어 알다. → (   )하다.
(2) 내용이 충실하지 못하거나 실속이 없다. → (   )하다.

글의 구조 파악하기

글을 읽고 내용을 정리한 표입니다. 빈칸에 알맞은 말을 **보기**에서 골라 써넣으세요.

보기 지진 해일   세기   가방

지진이 일어났어요	
지진의 뜻	땅이 끊어지면서 흔들리는 것.
지진으로 인한 피해	• 도로가 끊어지고 건물이 붕괴되고 산사태가 일어날 수 있음. • 바다 밑에서 지진이 발생 시 (①)이/가 발생하기도 함.
지진의 (②)	• 단위: 규모 • 규모 1이 증가할 때마다 약 32배만큼 강한 지진을 나타냄.
우리나라의 지진	2016년 경북 경주시의 규모 5.8의 지진, 2004년 경북 울진의 규모 5.2의 지진 등
지진 대처 방법	• 실내에 있을 때: 탁자나 책상 아래에서 몸을 보호하기 등 • 건물 밖에 있을 때: (③)(이)나 손으로 머리를 보호하고 넓은 공간으로 대피하기 등

❀ 제시된 뜻을 읽고 공부한 낱말을 떠올려 보면서 십자말 풀이를 완성해 보세요.

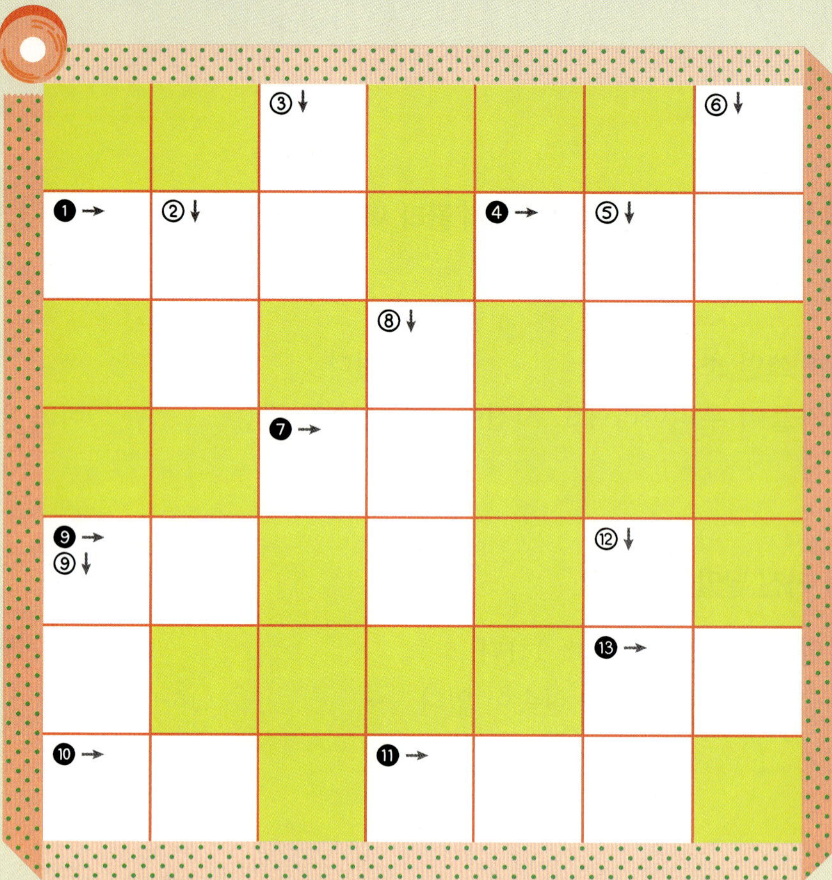

가로 열쇠

❶ 인간의 물질적 욕구에 비하여 그 충족 수단이 질적·양적으로 제한되어 있거나 부족한 상태.

❹ 새로 입학한 학생.

❼ 유럽과 남북아메리카의 여러 나라를 통틀어 이르는 말.

❾ 막히지 아니하고 잘 통함.

❿ 필요한 것이 매우 모자라는 상태.

⓫ 한 사회에서 노인의 인구 비율이 높은 상태로 나타나는 일.

⓭ 어린아이들을 돌보아 기름.

세로 열쇠

② 돈이나 물자, 시간, 노력 따위를 들이거나 써서 없앰.

③ 함부로 가까이할 수 없을 만큼 고결하고 거룩함.

⑤ 선 자세로 하는 방식. 또는 그렇게 하도록 만든 구조.

⑥ 세상에 나옴.

⑧ 환자들을 수용하여 요양할 수 있도록 시설을 갖추어 놓은 보건 기관.

⑨ 소의 고기.

⑫ 사회가 발전해 나가는 데 정보가 중요한 자원이 되어 사회가 크게 변화하는 것.

4주

주제	학습 내용	학습 완료일
1일 사회	**촌락과 도시에서 생기는 문제점** 촌락과 도시에서 생기는 문제점을 알려 주는 글입니다.	월 일 맞은 문제 수 ◯개/11개 확인
2일 도덕	**디지털 세상을 따뜻하게 만들어요** 디지털 세상의 장단점과 디지털 윤리를 설명하는 글입니다.	월 일 맞은 문제 수 ◯개/11개 확인
3일 과학	**사는 곳에 따른 동물의 특징** 사는 곳에 따른 동물의 특징을 소개하는 글입니다.	월 일 맞은 문제 수 ◯개/11개 확인
4일 과학	**구상나무를 아시나요?** 독특한 환경에서 자라는 구상나무에 대해 소개하는 글입니다.	월 일 맞은 문제 수 ◯개/11개 확인
5일 과학	**눈은 어떻게 만들어질까?** 눈이 만들어지는 과정에 대해 설명하는 글입니다.	월 일 맞은 문제 수 ◯개/11개 확인

　'촌락'이란 농촌, 어촌, 산지촌처럼 자연환경을 주로 이용하여 살아가는 지역을 말합니다. 넓은 들이 있는 농촌에 사는 사람들은 논과 밭에서 곡식이나 채소를 기르는 등 농업을 주로 합니다. 바닷가 마을 어촌에 사는 사람들은 어업을 주로 합니다. 산속에 자리잡은 산지촌에 사는 사람들은 ❶임업을 주로 합니다. 이와 같은 촌락은 자연환경의 영향을 많이 받기 때문에 계절이나 날씨에 따라 생활 모습이 달라집니다.

　도시는 인구가 ❷밀집해 있고 사회, 정치, 경제 활동의 중심이 되는 곳입니다. 교통이 발달한 도시는 사람과 물건의 이동이 편리한 곳에 위치해 있습니다. 크고 작은 도로가 연결되어 있고, 높은 건물이 많으며, 대중교통과 교통 시설이 발달했습니다. 도시에는 촌락에 비해 다양한 일자리가 있습니다. 사람들은 공공 기관이나 회사, 공장에 다니거나 물건이나 음식을 파는 등 다양한 서비스를 제공하는 일을 하기도 합니다.

　이런 촌락과 도시에는 여러 가지 문제가 발생하고 있습니다. 촌락에서는 고령화 현상이 나타나면서 일할 수 있는 사람들이 점점 줄어들고 있습니다. 그리고 외국의 농수산물을 ❸수입하면서 우리 농수산물로 벌어들이는 ❹소득이 줄어들고 있습니다. 또한 사람들이 이용할 수 있는 ❺편의 시설이나 문화 시설이 도시에 비해 현저히 적다는 문제점이 있습니다. 대중교통도 도시에 비해 적어서 불편합니다.

　도시에는 인구가 많아지면서 교통 문제나 주차 공간 부족 문제, 주택 부족 문제가 생겨나고 있습니다. 또한 각종 범죄 문제, 일자리 부족 문제, 소음 문제도 생겨납니다. 무엇보다도 많은 쓰레기 배출로 인한 환경 문제가 심각해지고 있습니다. 촌락과 도시의 문제점을 해결하기 위해 지역 사회에서는 다양한 제도를 ㉠❻마련하고 캠페인을 벌이는 등 해결책을 찾고 있습니다.

⭐ 어휘 풀이

❶ **임업**: 산에서 나무를 가꾸어 베거나 산나물을 캐는 일.
❷ **밀집해**: 빈틈없이 빽빽하게 모여.
❸ **수입하면서**: 다른 나라로부터 상품이나 기술 따위를 국내로 사들이면서.
❹ **소득**: 일한 결과로 얻은 경제적 이익.
❺ **편의 시설**: 이용자에게 유익하거나 편한 환경이나 조건을 갖춘 시설.
❻ **마련하고**: 헤아려서 갖추고.

1
241022-0169

농촌, 어촌, 산지촌처럼 자연환경을 주로 이용하여 살아가는 지역을 가리키는 말을 글에서 찾아 쓰세요.

(   )

2
241022-0170

도시에 대한 설명으로 알맞지 <u>않은</u> 것을 고르세요. (   )

① 높은 건물이 많다.
② 일자리가 다양하다.
③ 인구가 밀집해 있다.
④ 농업, 어업, 임업이 발달했다.
⑤ 교통이 편리한 곳에 위치해 있다.

3
241022-0171

어촌에서 주로 볼 수 있는 생산 활동의 모습을 찾아 ○표를 하세요.

(1) 김과 미역을 기른다.   (   )
(2) 산에서 나무를 가꾸거나 벤다.   (   )
(3) 밭에서 여러 가지 채소를 재배한다.   (   )

4
241022-0172

촌락의 생활 모습과 도시의 생활 모습을 알맞게 비교한 것을 <u>모두</u> 골라 기호를 쓰세요.

기준	촌락	도시
㉮ 인구	인구가 적은 편임.	인구가 많고 밀집됨.
㉯ 교통	대중교통 및 교통 시설이 발달함.	대중교통이 적음.
㉰ 일자리	다양한 일자리가 있음.	자연환경을 이용한 일자리가 많음.
㉱ 문화 시설	영화관, 공연장 등 문화 시설이 적음.	영화관, 공연장 등 문화 시설이 발달함.

(,   )

내용 이해

5
241022-0173

이 글을 통해 알 수 있는 내용으로 알맞지 <u>않은</u> 것을 고르세요. (   )

① 촌락의 뜻　　　　② 도시의 특징　　　　③ 세계의 다양한 도시
④ 촌락과 도시의 차이점　　　　⑤ 촌락과 도시의 문제점

추론

6
241022-0174

촌락과 도시 가운데에서 현지가 조사한 지역의 문제점을 한 가지만 쓰세요.

추론

7
241022-0175

촌락 생활의 문제점으로 보기 <u>어려운</u> 것을 고르세요. (   )

① 공기 오염　　　　② 병원 부족　　　　③ 고령화 현상
④ 일손의 부족　　　　⑤ 대중교통 부족

어휘

8
241022-0176

㉠과 바꾸어 쓸 수 있는 낱말을 <u>두 가지</u> 고르세요. (,   )

① 갖추고　　　　② 없애고　　　　③ 준비하고
④ 줄이고　　　　⑤ 바꾸고

어휘 문제

1

241022-0177

낱말과 그 낱말의 뜻을 알맞게 선으로 이으세요.

(1) 수입 •

(2) 임업 •

• ① 산에서 나무를 가꾸어 베거나 산나물을 캐는 일.

• ② 다른 나라로부터 상품이나 기술을 국내로 사들임.

2

241022-0178

다음 문장의 빈칸에 들어갈 말을 보기에서 골라 써넣으세요.

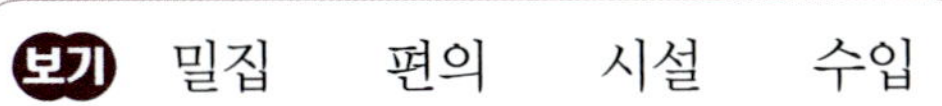

보기 밀집   편의   시설   수입

(1) 공연장에 사람들이 빼곡히 (   )되어 있다.
(2) 우리나라는 기름이 나지 않아서 석유를 주로 (   )한다.

3

241022-0179

다음 문장에 알맞은 말을 골라 ○표를 하세요.

(1) 이번 달에는 물건을 팔고 얻은 (소득 / 소비)이/가 매우 높았다.
(2) 공공 기관에서 주민들의 어려움을 해결하기 위해 다양한 방법을 (마련 / 해소)할 것이다.

글의 구조 파악하기

글을 읽고 내용을 정리한 표입니다. 빈칸에 알맞은 말을 보기에서 골라 써넣으세요.

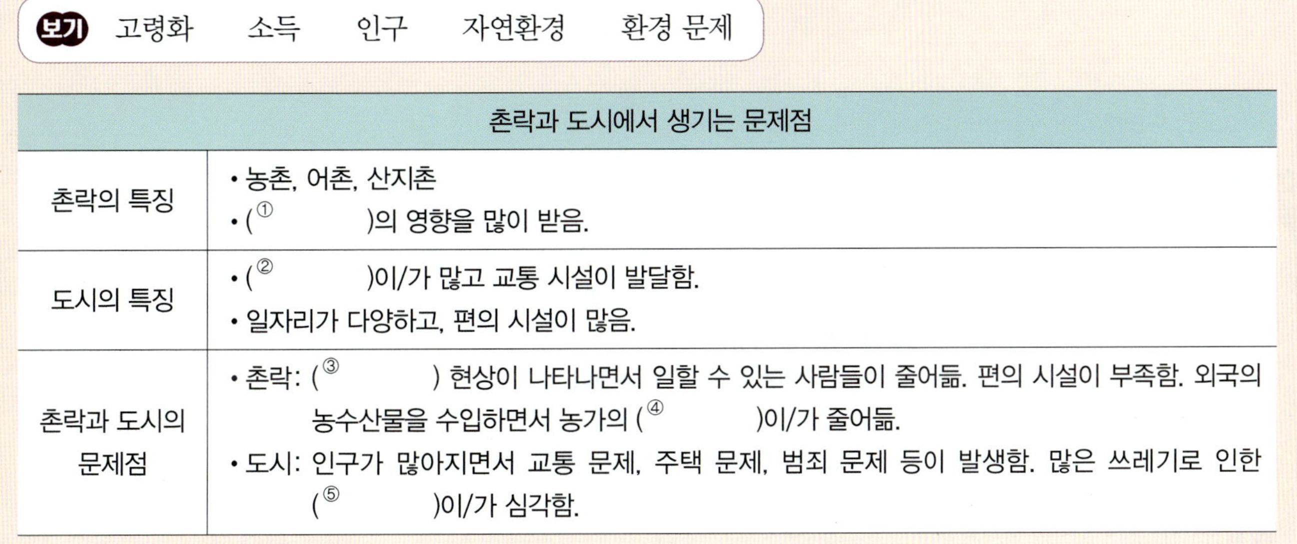

보기 고령화   소득   인구   자연환경   환경 문제

촌락과 도시에서 생기는 문제점	
촌락의 특징	• 농촌, 어촌, 산지촌 • (①)의 영향을 많이 받음.
도시의 특징	• (②)이/가 많고 교통 시설이 발달함. • 일자리가 다양하고, 편의 시설이 많음.
촌락과 도시의 문제점	• 촌락: (③) 현상이 나타나면서 일할 수 있는 사람들이 줄어듦. 편의 시설이 부족함. 외국의 농수산물을 수입하면서 농가의 (④)이/가 줄어듦. • 도시: 인구가 많아지면서 교통 문제, 주택 문제, 범죄 문제 등이 발생함. 많은 쓰레기로 인한 (⑤)이/가 심각함.

　인터넷과 디지털 기술이 발전하면서 디지털 세상은 현실 세계와 매우 가까워졌습니다. 스마트폰으로 정보를 찾고, 다른 나라 사람들과 일상을 ❶공유하며, 실시간으로 사람들과 소통할 수 있는 디지털 세상은 이미 우리의 일상이 되었습니다. ❷메타버스 같은 가상 세계에서는 현실에서 할 수 없는 다양한 경험을 할 수 있기도 합니다. 이렇게 디지털 세상은 많은 장점을 갖고 있습니다.

　하지만 디지털 세상에서는 여러 문제가 ㉠발생할 수 있습니다. 예를 들어 개인 정보 ❸유출, 사이버 폭력 , ❹저작권 ❺침해, ❻초상권 침해 및 디지털 성범죄, 게임 중독 문제 등이 일어날 수 있습니다. 디지털 세상에서는 실제 이름이나 얼굴을 공개하지 않기 때문에 사람들은 나쁜 말을 쉽게 하기도 합니다. 하지만 이러한 행동은 상대방에게 큰 상처를 줄 수 있으며, 범죄 행위가 될 수 있습니다. 이런 문제들을 막기 위해, 디지털 윤리가 강조되고 있습니다.

　'디지털 윤리'란 디지털 기기를 사용할 때 자신의 감정을 조절하고 타인을 존중하며 배려하는 태도를 말합니다. 현실 세계에서 타인을 배려하고 긍정적인 관계를 만드는 것이 중요하듯, 디지털 세계에서도 다른 사람을 존중하고 배려하는 태도는 중요합니다.

　다음은 사람들이 지켜야 할 디지털 윤리의 예입니다. 첫째, 디지털 세계에서도 다른 사람을 존중하고 배려합니다. 둘째, 개인 정보는 스스로 지킵니다. 셋째, 다른 사람을 비난하는 행동이나 댓글을 남기지 않습니다. 넷째, 정보를 공유하기 전에 정보의 사실 여부와 저작권을 확인합니다.

　디지털 세상에서 좋은 ❼영향력을 끼치는 경우도 볼 수 있습니다. 루게릭병 환자를 돕기 위한 릴레이 기부 캠페인을 SNS로 ❽확산시킨 일도 있었습니다. 우리에게 편리함을 주는 디지털 세계에서, 디지털 윤리를 지키며 좋은 영향력을 끼치는 시민이 되어 보는 것은 어떨까요?

★ 어휘 풀이

❶ **공유하며**: 정보나 의견, 감정 따위를 나누며.
❷ **메타버스**: 가상 세계와 현실 세계의 경계가 허물어지는 것을 이르는 말.
❸ **유출**: 귀중한 물품이나 정보가 불법적으로 밖으로 나가는 것.
❹ **저작권**: 문학, 예술, 학술에 속하는 창작물에 대하여 갖는 저작자의 권리.
❺ **침해**: 침범하여 해를 끼침.
❻ **초상권**: 자기의 초상(사진이나 그림에 나타난 사람의 얼굴이나 모습)에 대한 권리.
❼ **영향력**: 어떤 사물의 효과나 작용이 다른 것에 미치는 힘.
❽ **확산시킨**: 흩어져 널리 퍼지게 한.

1 핵심어
241022-0180

디지털 기기를 사용할 때 자신의 감정을 조절하고 타인을 존중하며 배려하는 태도를 일컫는 말을 찾아 쓰세요.

(   )

2 내용 이해
241022-0181

다음 중 디지털 세상에서 볼 수 있는 모습으로 알맞지 <u>않은</u> 것을 고르세요. (   )

① 스마트폰으로 쉽게 정보를 찾는다.
② 실제 이름이나 얼굴을 반드시 밝힌다.
③ 사이버 폭력 등 여러 문제가 발생한다.
④ 실시간으로 다른 사람들과 소통을 한다.
⑤ 현실에서 할 수 없는 다양한 경험을 한다.

3 내용 이해
241022-0182

이 글에 나타나 있는 내용으로 알맞은 것을 <u>모두</u> 골라 ○표를 하세요.

(1) 디지털 윤리의 예   (   )
(2) 디지털 세상의 좋은 점   (   )
(3) 디지털 윤리를 실천한 인물   (   )
(4) 디지털 세상에서 생길 수 있는 문제 (   )

4 내용 이해
241022-0183

디지털 윤리에 대해 알맞게 말한 친구를 고르세요. (   )

① 범준: 다른 사람을 존중하고 배려하는 마음가짐이 중요해.
② 승수: 나와 의견이 다른 사람의 말에 비난하는 댓글은 달아도 돼.
③ 은지: 나를 알리기 위해 내 개인 정보는 모두에게 공개하는 게 좋아.
④ 진수: 허락 없이 다른 사람의 저작물을 신속하게 공유하는 게 중요해.
⑤ 현아: 인터넷에 나타난 정보가 사실인지 확인하지 않고 빠르게 전달해야 해.

5 241022-0184

다음은 디지털 세상의 어떤 문제점을 나타낸 것인지 가장 알맞은 것을 고르세요. (   )

> SNS에 자기 이름, 주소, 학교, 생일 등 정보를 올리면 다른 사람들이 이를 몰래 이용할 수 있다.

① 게임 중독 ② 저작권 침해 ③ 사이버 폭력
④ 디지털 성범죄 ⑤ 개인 정보 유출

6 241022-0185

다음은 디지털 세상의 어떤 문제점을 막기 위해 한 말인지 쓰세요.

(   ) 침해

7 241022-0186

이 글에 나타난 글쓴이의 생각을 다음과 같이 정리할 때, ㉠과 바꾸어 쓸 수 있는 낱말로 알맞지 <u>않은</u> 것을 고르세요. (   )

> 디지털 세상은 편리한 공간이지만 여러 문제가 ㉠발생할 수 있으므로, 이를 막기 위해 디지털 윤리를 지키는 태도가 중요하다.

① 생길 ② 나타날 ③ 벌어질
④ 일어날 ⑤ 찾아낼

8 241022-0187

디지털 윤리를 널리 알리기 위한 캠페인 문구로 알맞은 것을 <u>두 가지</u> 고르세요. (,   )

① 디지털 세상에서도 배려는 필수
② 따뜻한 가정, 서로 대화하며 함께해요.
③ 친절한 댓글이 세상을 밝게 만들어요.
④ 내가 버린 쓰레기, 올라가는 지구 온도.
⑤ 함께하면 더 안전해요, 아동 학대 없는 사회

어휘 문제

1

241022-0188

다음 낱말과 그 낱말의 뜻을 알맞게 선으로 이으세요.

(1) 공유 •

(2) 유출 •

• ① 정보나 의견, 감정 따위를 나눔.

• ② 귀중한 물품이나 정보가 불법적으로 밖으로 나가는 것.

2

241022-0189

다음 문장의 빈칸에 들어갈 말을 보기에서 골라 써넣으세요.

보기 저작권   형성   유출

(1) 다른 사람이 쓴 글의 (   )을 지켜야 한다.
(2) 시험 문제가 (   )되는 것을 막기 위해 보안을 철저히 한다.

3

241022-0190

다음 문장에 알맞은 말을 골라 ○표를 하세요.

(1) 다른 사람들의 권리를 (침해 / 감소)하는 일이 있어서는 안 된다.
(2) 친구들과 책을 읽고 느낀 점을 (개방 / 공유)하면 책을 깊이 있게 이해할 수 있다.

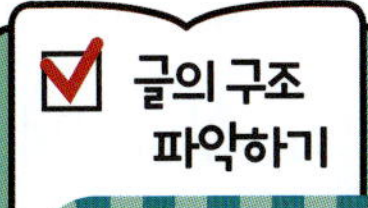

글의 구조 파악하기

글을 읽고 내용을 정리한 표입니다. 빈칸에 알맞은 말을 보기에서 골라 써넣으세요.

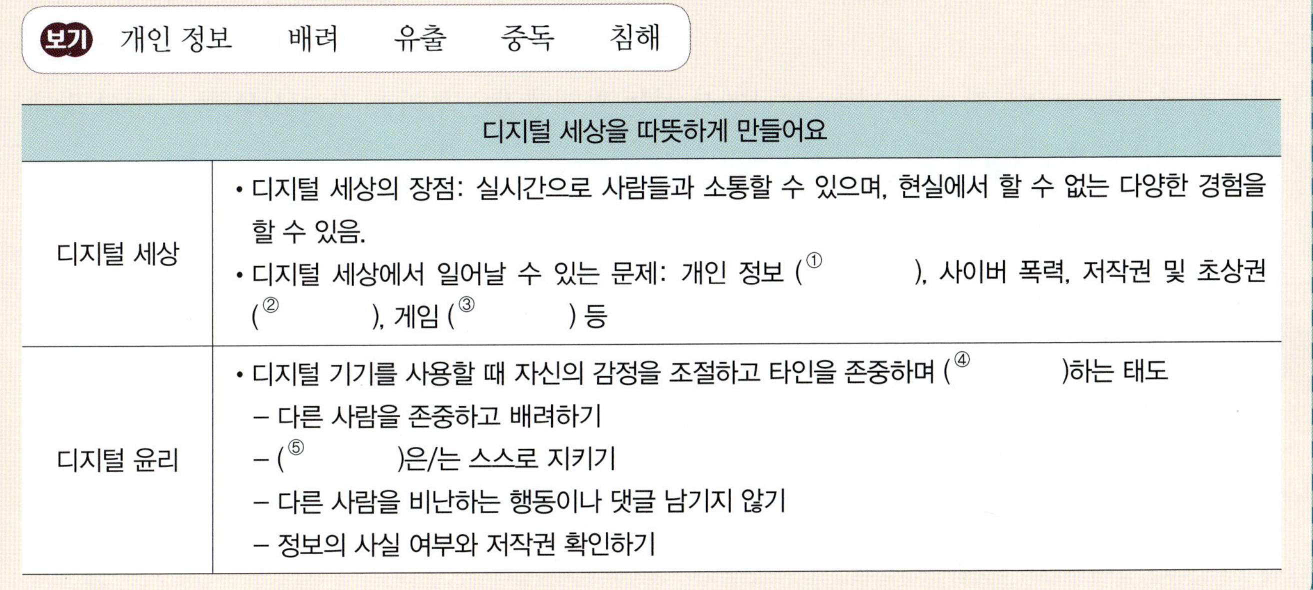

보기 개인 정보   배려   유출   중독   침해

디지털 세상을 따뜻하게 만들어요	
디지털 세상	• 디지털 세상의 장점: 실시간으로 사람들과 소통할 수 있으며, 현실에서 할 수 없는 다양한 경험을 할 수 있음. • 디지털 세상에서 일어날 수 있는 문제: 개인 정보 (①), 사이버 폭력, 저작권 및 초상권 (②), 게임 (③) 등
디지털 윤리	• 디지털 기기를 사용할 때 자신의 감정을 조절하고 타인을 존중하며 (④)하는 태도 – 다른 사람을 존중하고 배려하기 – (⑤)은/는 스스로 지키기 – 다른 사람을 비난하는 행동이나 댓글 남기지 않기 – 정보의 사실 여부와 저작권 확인하기

　동물의 생김새와 생활 ❶방식은 사는 곳에 따라 다양합니다. 땅에서 사는 동물, 하늘에서 사는 동물, 물에서 사는 동물, 사막이나 극지방에서 사는 동물은 환경에 따라 생김새와 생활 방식이 달라집니다.

　땅에서 사는 동물은 사는 곳에 따라 땅 위에서 사는 동물, 땅속에서 사는 동물, 땅 위와 땅속을 오가며 사는 동물로 나눌 수 있습니다. 땅 위에는 다람쥐, 너구리, 소 등이 살고, 땅속에는 땅강아지, 두더지, 지렁이 등이 삽니다. 두더지는 땅속에서 흙을 잘 팔 수 있도록 앞발은 넓고 발톱이 매우 깁니다. 뱀이나 개미는 땅 위와 땅속을 오가며 삽니다. 땅에서 사는 동물 중 다리가 있는 동물인 다람쥐, 너구리, 소, 두더지 등은 걷거나 뛰어다니고, 다리가 없는 동물인 지렁이, 뱀 등은 기어다닙니다.

　하늘에서는 까치나 박새와 같은 새 그리고 나비나 잠자리와 같은 곤충들이 날아다닙니다. 새와 곤충은 날개가 있고, 몸이 비교적 가벼워 하늘을 날기에 알맞습니다. 날개는 없지만 몸의 일부를 날개처럼 사용해 날아다니는 동물도 있습니다. 하늘다람쥐가 대표적인데, 앞다리와 뒷다리 사이에 날개 ❷역할을 하는 날개막을 이용해 나무 사이를 날아서 이동합니다.

　물에서 사는 동물에는 강가나 하천가에 사는 동물, 강이나 하천의 물속에서 사는 동물, 갯벌이나 바닷속에서 사는 동물이 있습니다. 강가나 하천가에는 수달, 개구리 등이 땅과 물을 오가며 살고, 강이나 하천의 물속에서는 붕어, 다슬기 등이 삽니다. 갯벌에는 게, 조개 등이 살고, 바닷속에는 상어, 오징어, 고등어 등 다양한 물고기들이 삽니다. 바닷속을 헤엄치는 물고기는 지느러미를 이용하여 헤엄을 칠 수 있습니다. 또한 아가미로 숨을 쉬며, 몸이 ❸유선형으로 되어 있어서 물속에서 빨리 헤엄쳐서 이동할 수 있습니다. 전복은 바닷속 바위에 붙어서 기어다닙니다.

　사막이나 극지방에서 사는 동물들도 있습니다. 사막은 물과 먹이가 부족하고 모래바람이 심하게 불며, 낮에는 덥고 밤에는 춥습니다. 그래서 사막여우는 몸에 비해 큰 귀로 체온을 ❹조절합니다. 또한 낙타는 지방을 저장하고 있는 볼록한 혹이 있어서 물과 먹이가 부족한 사막에서 며칠 동안 생활할 수 있습니다. 낙타의 긴 속눈썹은 사막의 모래 먼지로부터 눈을 보호해 줍니다. 매우 춥고 얼음으로 덮인 북극에서 사는 북극여우나 북극곰의 경우 몸이 하얀 털로 덮여 있고, 몸집에 비해 귀가 작습니다. 작은 귀는 추운 환경에서 체온을 조절할 수 있도록 해 줍니다. 남극에서 사는 황제펭귄은 무리를 지어 서로 몸을 바짝 맞대는 행동을 통해 체온을 ❺유지합니다.

★ **어휘 풀이**

❶ **방식**: 일정한 방법이나 형식.
❷ **역할**: 자기가 마땅히 하여야 할 맡은 바 직책이나 임무.
❸ **유선형**: 물이나 공기의 저항을 최소한으로 하기 위하여 앞부분을 곡선으로 만들고, 뒤쪽으로 갈수록 뾰족하게 한 형태.
❹ **조절합니다**: 균형이 맞게 바로잡습니다. 또는 적당하게 맞추어 나갑니다.
❺ **유지합니다**: 어떤 상태나 상황을 그대로 보존하거나 변함없이 계속하여 지탱합니다.

1

내용 요약

다음 빈칸에 들어갈 알맞은 말을 글에서 찾아 쓰세요.

> 이 글은 동물의 생김새와 생활 방식을 ☐☐☐에 따라 나누어 설명하고 있다.

( )

2

분류

다음을 기준에 따라 알맞게 분류하여 쓰세요.

> 개구리 게 상어 수달 조개 전복

(1) 갯벌에서 사는 동물: (,)
(2) 바닷속에서 사는 동물: (,)
(3) 땅과 물을 오가며 사는 동물: (,)

3

내용 이해

땅에서 사는 동물에 대해 알맞게 말한 친구의 이름을 쓰세요.

> 민하: 땅에서 사는 동물은 모두 걸어다녀.
> 석진: 뱀이나 개미는 땅 위와 땅속을 오가며 살아.
> 재희: 두더지의 넓은 앞발과 긴 발톱은 땅을 잘 기어다닐 수 있게 해.

( )

4

비교

다음 동물들의 공통점으로 알맞은 것을 고르세요. ( )

> 사막여우 북극여우

① 사막에서 산다. ② 볼록한 혹이 있다.
③ 땅 위를 기어다닌다. ④ 몸이 하얀 털로 덮여 있다.
⑤ 귀를 통해 체온을 조절한다.

분류

5
241022-0195

다음은 동물을 사는 곳에 따라 나눈 것입니다. 잘못 분류된 동물을 골라 쓰세요.

땅 위에 사는 동물	땅속에 사는 동물
너구리, 소, 다람쥐	강아지, 두더지, 지렁이

(   )

추론

6
241022-0196

이 글을 통해 동물의 모습을 짐작해 보고, 하늘다람쥐를 찾아 ○표를 하세요.

(1)

(   )

(2)

(   )

(3)

(   )

내용 이해

7
241022-0197

사막이나 극지방에서 사는 동물에 대한 설명으로 알맞지 <u>않은</u> 것을 고르세요. (   )

① 사막여우는 몸에 비해 큰 귀를 가지고 있다.
② 북극여우나 북극곰은 하얀 털로 몸이 덮여 있다.
③ 낙타의 긴 속눈썹은 사막의 모래먼지를 막아 준다.
④ 황제펭귄은 물고기를 사냥하기 위해 서로 몸을 맞대고 생활한다.
⑤ 낙타의 혹에는 지방이 저장되어 있어 사막에서 며칠 동안 생활할 수 있다.

적용

8
241022-0198

이 글을 읽고 더 알고 싶은 점을 알맞게 질문한 친구의 이름을 쓰세요.

동현: 사막여우의 귀는 왜 작을까?
진아: 물고기가 물속에서 빨리 헤엄칠 수 있는 이유는 뭘까?
수진: 하늘다람쥐처럼 날개 없이 나는 동물은 또 뭐가 있을까?

(   )

어휘 문제

1

241022-0199

낱말과 그 낱말의 뜻을 알맞게 선으로 이으세요.

(1) 방식 •

(2) 유지 •

• ① 일정한 방법이나 형식.

• ② 어떤 상태나 상황을 그대로 보존하거나 변함없이 계속하여 지탱함.

2

241022-0200

다음 문장의 빈칸에 들어갈 말을 **보기**에서 골라 써넣으세요.

보기 지느러미   조절   아가미   증가

(1) 송어는 몸이 비늘로 덮여 있고 (   )을/를 이용하여 숨을 쉰다.
(2) 사막여우는 귀가 커서 열이 몸 밖으로 잘 빠져나가 체온을 (   )할 수 있다.

3

241022-0201

다음 뜻을 가진 낱말로 알맞은 것에 ○표를 하세요.

자기가 마땅히 하여야 할 맡은 바 직책이나 임무.

(1) 역할   (   )   (2) 강요   (   )

 **글의 구조 파악하기**   글을 읽고 내용을 정리한 표입니다. 빈칸에 알맞은 말을 **보기**에서 골라 써넣으세요.

보기   극지방   갯벌   날개   지렁이   하늘

사는 곳에 따른 동물의 특징	
땅에서 사는 동물	• 땅 위에서 사는 동물: 다람쥐, 너구리, 소 등 • 땅속에서 사는 동물: 땅강아지, 두더지, (①) 등 • 땅 위와 땅속을 오가며 사는 동물: 개미, 뱀
(②)에서 사는 동물	새와 곤충: (③)이/가 있고, 몸이 비교적 가벼워 잘 날 수 있음.
물에서 사는 동물	• 강가나 하천가에서 사는 동물: 수달, 개구리 등 • 강, 하천의 물속에서 사는 동물: 붕어, 다슬기 등 • (④)에서 사는 동물: 게, 조개 • 바닷속에서 사는 동물: 상어, 오징어, 고등어, 전복 등
사막이나 (⑤)에서 사는 동물	• 사막에서 사는 동물: 사막여우, 낙타 등 • 극지방에서 사는 동물: 북극여우, 북극곰, 황제펭귄 등

4일 구상나무를 아시나요?

구상나무에 대해 들어본 적 있나요? 구상나무는 우리나라 ❶고유의 침엽수로, 주로 높은 산에서 자랍니다. 아름다운 모양과 독특한 특징 때문에 크리스마스 트리로 사용되며, 많은 사람들에게 사랑받는 나무입니다. 구상나무는 1900년대 초 영국의 식물학자에 의해 세계에 알려졌으며, 외국에서는 '한국 전나무'로도 불립니다.

구상나무는 주로 ❷해발 1,000~1,900미터의 한반도 ❸고산 지대에서 자랍니다. 한라산, 지리산 등 기온이 낮고 ❹습도가 높은 지역에서 잘 자라며, 원뿔 모양으로 비교적 아담하게 자라 실내를 ㉠꾸미기 위한 나무나 크리스마스 트리로 많이 사용됩니다. 한국에서 나는 고유한 나무로, 우리나라 자연환경의 중요한 부분을 차지합니다.

하지만 최근 구상나무의 수가 급격히 줄어들고 있습니다. 특히 2013년 이후 집단으로 나무가 죽어 가는 현상이 발견되었습니다. 전문가들은 기후 변화로 인한 스트레스를 주요 원인으로 보고 있습니다. 구상나무는 적절한 습도와 강수량이 중요한데, 지구 온난화로 겨울철에 눈이 적게 내리고 봄비가 줄어들면서 구상나무가 죽어 가고 있는 것입니다. 현재 구상나무는 국제 멸종 위기종으로 분류되어 있습니다.

구상나무뿐만 아니라 소나무도 수가 급격히 줄어들고 있어 생물 다양성이 위기를 맞고 있습니다. 생물 다양성이란 지구에 존재하는 생물 종류의 다양성을 말합니다. 생물 다양성이 줄어든다는 것은 지구 안에 살고 있는 생물의 종이 계속 줄어들고 있으며, 생물이 살아가는 ❺서식지가 부족해진다는 것을 뜻합니다. 생물 다양성의 위기는 곧 사람들의 생활에도 부정적인 영향을 미치게 됩니다. 이를 막기 위해 구상나무를 보존하기 위한 다양한 ❻복원 활동이 이루어지고 있습니다. 구상나무는 한국의 아름다운 자연을 상징하는 나무로, 그 가치가 매우 큽니다. 이를 보호하기 위해 지속적인 관심과 노력이 필요합니다.

어휘 풀이

❶ **고유**: 본래부터 가지고 있는 특유한 것.
❷ **해발**: 해수면으로부터 계산하여 잰 육지나 산의 높이.
❸ **고산 지대**: 높은 산의 지대. 해발 2,000미터 이상의 산악으로 이루어진 곳.
❹ **습도**: 공기 가운데 수증기가 들어 있는 정도.
❺ **서식지**: 생물이 일정한 곳에 자리를 잡고 사는 곳.
❻ **복원**: 원래대로 회복함.

핵심어

1 다음에서 설명하는 말을 글에서 찾아 쓰세요.

241022-0202

> 우리나라 고유의 침엽수로, 주로 높은 산에서 자라며 크리스마스 트리로도 사용되는 나무.

(   )

내용 이해

2 구상나무에 대한 설명으로 알맞지 <u>않은</u> 것을 고르세요. (   )

241022-0203

① 우리나라 고유의 침엽수이다.

② 크리스마스 트리로도 사용된다.

③ 최근 수가 급격히 줄어들고 있다.

④ 원뿔 모양으로 비교적 아담하게 자란다.

⑤ 강수량이 줄어야 구상나무가 잘 자란다.

사실과 의견 구분

3 다음 대화를 읽고, 자신의 의견을 말한 친구의 이름을 쓰세요.

241022-0204

> 다혜: 구상나무는 최근 집단으로 죽어 가고 있어.
> 진석: 구상나무를 보호하기 위해 지속적인 노력이 필요해.

(   )

내용 이해

4 다음 중 구상나무가 주로 자라는 곳은 어디인지 기호를 쓰세요.

241022-0205

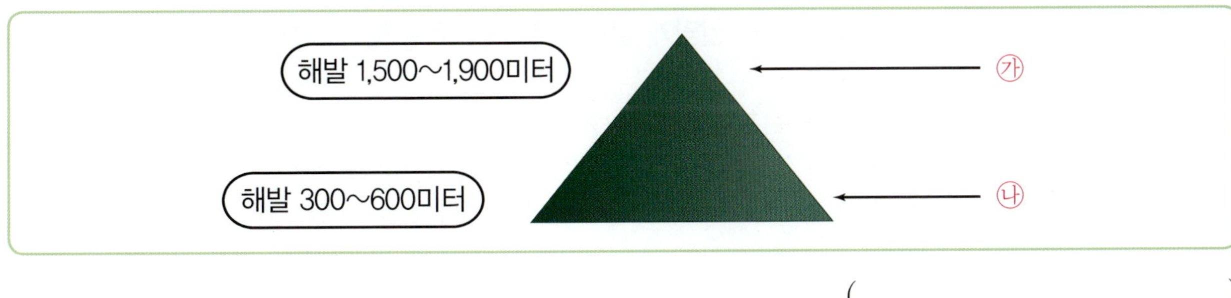

(   )

어휘

5

241022-0206

밑줄 친 부분이 ㉠과 비슷한 뜻으로 쓰인 문장에 ○표를 하세요.

(1) 내 방을 아름답게 꾸미기 위해서 노력했다.   (　　　)

(2) 여행 계획을 꾸미기 위해서 시간이 필요하다.   (　　　)

(3) 거짓말을 사실처럼 꾸미기 위해서 며칠을 고민했다.   (　　　)

추론

6

241022-0207

다음 대화를 읽고, 구상나무와 북극곰이 줄어드는 가장 큰 이유를 글에서 찾아 쓰세요.

(　　　　　　　　　　　　　　)

어휘

7

241022-0208

다음 빈칸에 들어갈 알맞은 말을 글에서 찾아 다섯 글자로 쓰세요.

> ＿＿＿＿＿이/가 줄어든다는 것은 지구 안에 살고 있는 생물의 종이 계속 줄어들고 있으며, 생물이 살아가는 서식지가 부족해진다는 것을 뜻합니다.

(　　　　　　　　　　　　　　)

적용

8

241022-0209

이 글을 읽고 더 알고 싶은 점을 알맞게 질문한 친구를 모두 찾아 이름을 쓰세요.

> 다희: 구상나무는 주로 어느 곳에서 자랄까?
> 아영: 구상나무처럼 멸종 위기에 놓인 동식물은 또 어떤 것이 있을까?
> 하람: 구상나무를 보호하기 위해서 구체적으로 어떤 노력을 할 수 있을까?

(　　　　　,　　　　　)

어휘 문제

1

241022-0210

낱말과 그 낱말의 뜻을 알맞게 선으로 이으세요.

(1) 고유 •

(2) 복원 •

• ① 원래대로 회복함.

• ② 본래부터 가지고 있는 특유한 것.

2

241022-0211

다음 문장의 빈칸에 들어갈 말을 **보기**에서 골라 써넣으세요.

보기 습도   해발   서식지   고유   외래

(1) 한복은 우리나라 (   )의 멋과 아름다움을 잘 드러낸다.

(2) 여름이 되면 비도 자주 오고, (   )이/가 높아 제습기를 트는 일이 많다.

(3) 에델바이스는 유럽의 고산 지대에서 서식하는 식물로, 기후 변화로 인해 (   )이/가 점점 줄어들고 있다.

3

241022-0212

다음 뜻을 가진 낱말과 비슷한 낱말에 ○표를 하세요.

원래대로 회복함.

(1) 회귀   (   )   (2) 복구   (   )

 **글의 구조 파악하기**   글을 읽고 내용을 정리한 표입니다. 빈칸에 알맞은 말을 **보기**에서 골라 써넣으세요.

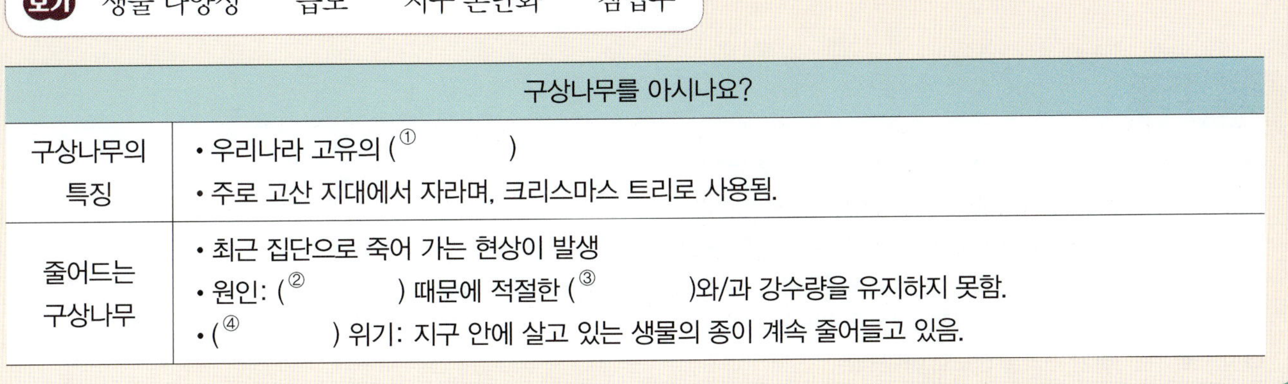

보기 생물 다양성   습도   지구 온난화   침엽수

구상나무를 아시나요?	
구상나무의 특징	• 우리나라 고유의 (①) • 주로 고산 지대에서 자라며, 크리스마스 트리로 사용됨.
줄어드는 구상나무	• 최근 집단으로 죽어 가는 현상이 발생 • 원인: (②) 때문에 적절한 (③)와/과 강수량을 유지하지 못함. • (④) 위기: 지구 안에 살고 있는 생물의 종이 계속 줄어들고 있음.

눈은 어떻게 만들어질까?

겨울철에 즐길 수 있는 스포츠로는 스키나 썰매 타기 등이 있습니다. 그런데 겨울철에 눈이 내리지 않는 동안에도 스키장에는 눈이 쌓여 있는 것을 볼 수 있습니다. 과연 이 눈들은 어떻게 만들어진 것일까요? 이를 알아보기 위해 먼저, 자연에서 눈이 만들어지는 과정을 살펴보겠습니다.

눈이 만들어지는 과정은 물의 세 가지 ❶상태 변화와 관련이 있습니다. 물은 고체인 얼음, 액체인 물, 기체인 수증기 세 가지 상태로 변할 수 있습니다. 물은 햇빛에 의해 ❷증발하면 공기 중의 ㉠수증기가 됩니다. 이 수증기는 하늘 위로 올라가 차가운 온도에 의해 ㉡물방울로 ❸응결하게 되고, 이 물방울들이 모여 구름이 됩니다. 추운 겨울이 되면 구름 속 물방울들이 ㉢얼음 알갱이로 변하는데, 이 얼음 알갱이들이 떨어지면서 눈이 되는 것입니다. 하늘에서 땅으로 눈이 떨어질 때, 눈 알갱이에는 수증기가 달라붙어 다양하고 규칙적인 눈 ❹결정 모양이 만들어집니다.

자연에서 내리는 눈과 달리 스키장의 인공 눈은 ❺제설기를 통해 만들어집니다. 제설기는 아주 ❻미세한 물방울을 공기 중으로 뿌리는데, ㉣이 물방울이 얼어붙으면서 인공 눈이 만들어집니다. 인공 눈은 땅과 가까운 거리에서 만들어져 바로 떨어지기 때문에, 눈 알갱이에 수증기가 달라붙을 시간이 충분하지 않습니다. 그래서 자연에서 내리는 눈과는 달리, 눈 결정 모양이 다양하거나 규칙적이지 않습니다. 또, 수증기가 눈 알갱이에 붙지 않다 보니 눈 알갱이 사이에 빈틈이 거의 없어서 손으로 잘 뭉쳐지지 않습니다. 또한, 자연에서 내리는 눈 알갱이에는 수증기가 포함되어 있어 발로 밟을 때 뽀드득거리는 소리가 나지만, 인공 눈은 그렇지 않다고 하니 신기하지요?

⭐ 어휘 풀이

❶ **상태 변화**: 물질계가 어느 한 상태에서 다른 상태로 변화하는 것.
❷ **증발하면**: 어떤 물질이 액체 상태에서 기체 상태로 변하면.
❸ **응결하게**: 온도가 낮아지거나 압축에 의해 증기가 액체로 변하게.
❹ **결정**: 원자, 이온, 분자 따위가 규칙적으로 일정한 법칙에 따라 배열되어 모양을 이루는 것.
❺ **제설기**: 스키장 따위에서 인공적으로 눈을 만드는 기계.
❻ **미세한**: 분간하기 어려울 정도로 아주 작은.

1 
241022-0213

핵심어

물이 고체인 얼음, 액체인 물, 기체인 수증기 세 가지 상태로 변하는 것을 무엇이라고 하는지 글에서 찾아 쓰세요.

물의 (   )

2
241022-0214

내용 이해

㉠~㉢은 물의 상태 중 무엇에 해당하는지 골라 알맞게 선으로 이으세요.

(1) ㉠ ·   · ① 액체

(2) ㉡ ·   · ② 고체

(3) ㉢ ·   · ③ 기체

3
241022-0215

내용 이해

자연에서 내리는 눈이 만들어지는 과정이 순서대로 알맞은 것을 고르세요. (   )

㉮ 얼음 알갱이들이 하늘에서 떨어짐.
㉯ 응결된 물방울들이 모여 구름이 됨.
㉰ 구름 속 물방울들이 얼음 알갱이로 변함.
㉱ 햇빛에 의해 물이 증발하여 수증기가 됨.
㉲ 수증기가 하늘 위로 올라가 물방울로 응결함.

① ㉯ → ㉰ → ㉮ → ㉲ → ㉱
② ㉱ → ㉯ → ㉲ → ㉮ → ㉰
③ ㉱ → ㉲ → ㉯ → ㉰ → ㉮
④ ㉲ → ㉯ → ㉮ → ㉱ → ㉰
⑤ ㉲ → ㉯ → ㉰ → ㉮ → ㉱

4
241022-0216

내용 이해

눈이 오지 않는 날에도 스키장에서 눈을 만들 수 있습니다. 그 이유는 무엇인지 쓰세요.

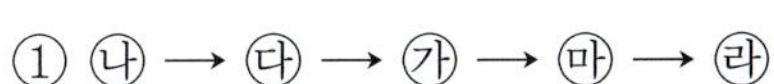

추론

5 241022-0217
다음은 자연에서 내리는 눈과 스키장에서 만들어진 눈의 결정 모양입니다. 알맞게 설명한 것을 모두 골라 ○표를 하세요.

㉮

자연에서 내리는 눈의 결정

㉯

스키장에서 만들어진 눈의 결정

(1) ㉯는 ㉮보다 손으로 잘 뭉쳐질 것이다. ( )

(2) ㉮와 ㉯ 모두 물이 얼음으로 변하는 것과 관련이 있다. ( )

(3) ㉮는 ㉯보다 땅에 떨어질 때 수증기가 많이 붙었을 것이다. ( )

추론

6 241022-0218
물의 상태 변화를 이용한 예 중 ㉣과 다른 것을 고르세요. ( )

① 물을 얼려 썰매장을 만든다.

② 빙수를 만들기 위해 물을 얼린다.

③ 방 안이 건조할 때 가습기를 튼다.

④ 여러 가지 모양 틀에 물을 얼려 얼음과자를 만든다.

⑤ 이글루를 만들 때 물이 얼면서 얼음 사이를 단단하게 한다.

어휘

7 241022-0219
다음과 관계있는 현상은 무엇인지 알맞은 것에 ○표를 하세요.

- 이른 새벽 풀잎에 이슬이 맺힌다.
- 차가운 유리컵의 표면에 물방울이 맺힌다.

(증발 / 응결 / 끓음)

내용 이해

8 241022-0220
이 글에서 설명한 내용이 아닌 것을 고르세요. ( )

① 물의 상태 변화   ② 자연 눈이 내리는 과정

③ 스키장에서 눈을 만드는 과정   ④ 겨울에 스키가 인기 있는 이유

⑤ 자연 눈과 스키장 눈의 차이점

어휘 문제

1 낱말과 그 낱말의 뜻을 알맞게 선으로 이으세요.

241022-0221

(1) 응결 •

(2) 제설기 •

• ① 스키장 따위에서 인공적으로 눈을 만드는 기계.

• ② 온도가 낮아지거나 압축에 의해 증기가 액체로 변하는 현상.

2 다음 문장의 빈칸에 들어갈 말을 **보기**에서 골라 써넣으세요.

241022-0222

보기 증발   응결   끓음

(1) 세탁 후에 널어놓은 빨래가 햇빛을 받으면 물이 (   )하여 마르게 된다.
(2) 하늘 높은 곳에서 차가운 공기를 만나면 공기 중의 수증기가 (   )하여 구름이 만들어진다.

3 다음 문장에 알맞은 말을 골라 ○표를 하세요.

241022-0223

(1) 겨울 축제를 준비할 때, (제설기 / 제습기)를 이용하여 인공 눈을 뿌리면 겨울 분위기를 더욱 느낄 수 있다.
(2) 물은 고체인 얼음, 액체인 물, 기체인 수증기로 변할 수 있는데 이를 물의 (상태 변화 / 화학 변화)라고 한다.

☑ 글의 구조 파악하기   글을 읽고 내용을 정리한 표입니다. 빈칸에 알맞은 말을 **보기**에서 골라 써넣으세요.

보기 기체   물방울   수증기   응결

눈은 어떻게 만들어질까?	
물의 상태 변화	물은 고체인 얼음, 액체인 물, (①)인 수증기로 상태 변화를 함.
자연에서 내리는 눈	공기 중의 수증기가 하늘로 올라감. → 수증기가 (②)하여 물방울이 되고, 이 물방울들이 모여 구름이 됨. → 추운 겨울이 되면 구름 속 (③)이/가 얼어 눈 알갱이가 됨. → 눈 알갱이가 떨어지면서 (④)이/가 달라붙어 다양하고 규칙적인 눈 결정 모양이 만들어짐.
스키장의 인공 눈	• 미세한 물방울을 공기 중으로 뿌리면 물방울이 얼면서 인공 눈이 만들어짐. • 자연에서 내리는 눈과 달리, 눈 결정 모양이 다양하거나 규칙적이지 않음.

4주

마무리 학습

정답과 해설 16쪽

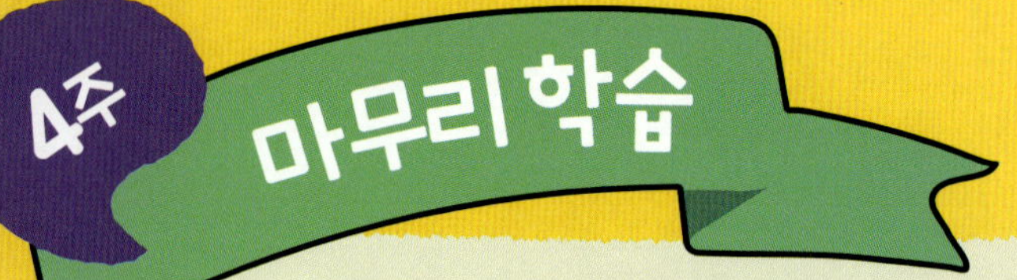

❀ OX 퀴즈를 풀면서 알맞은 답을 찾아보세요. 마지막에 나온 낱말은 무엇인가요?

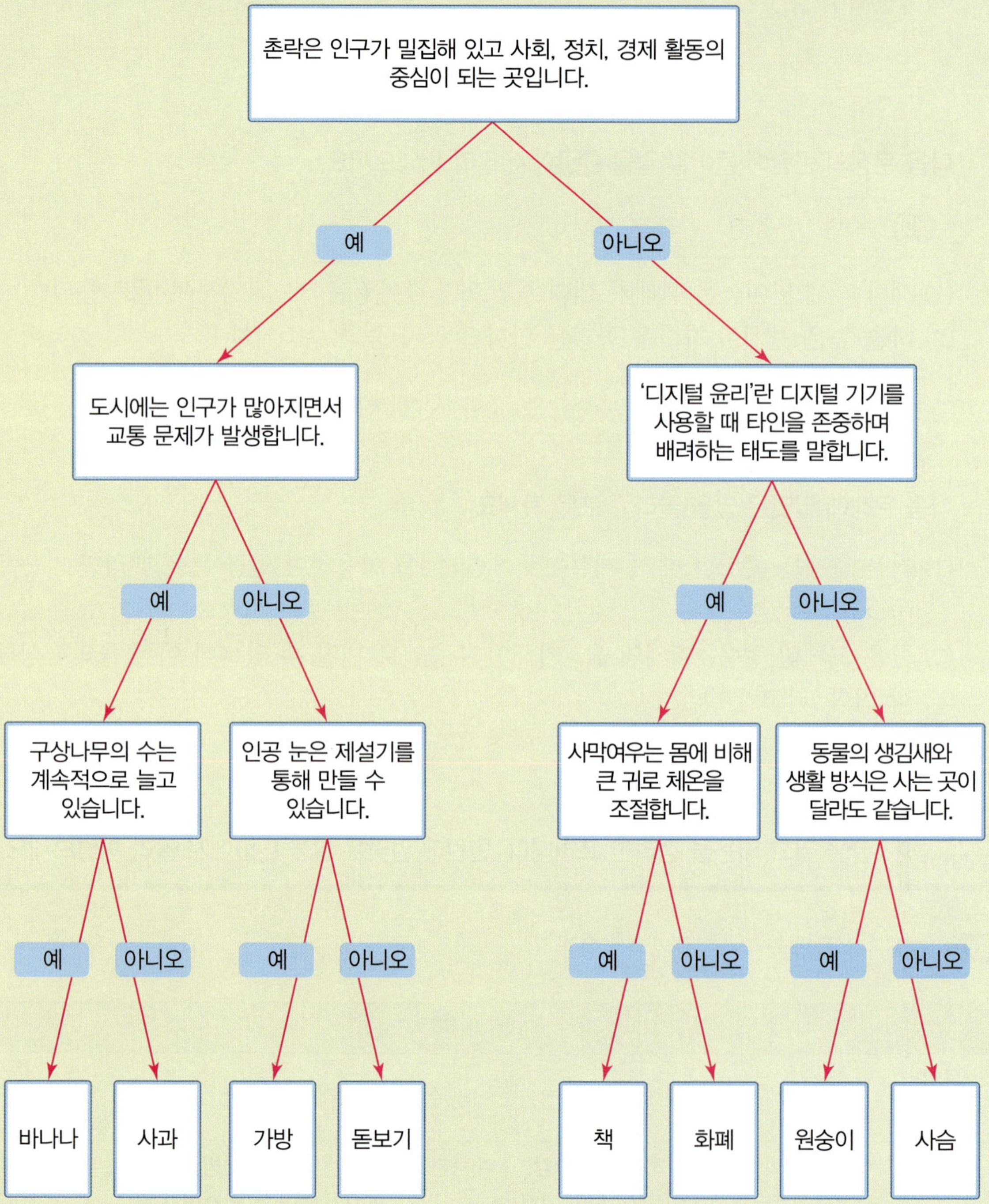
촌락은 인구가 밀집해 있고 사회, 정치, 경제 활동의 중심이 되는 곳입니다.
예
아니오
도시에는 인구가 많아지면서 교통 문제가 발생합니다.
'디지털 윤리'란 디지털 기기를 사용할 때 타인을 존중하며 배려하는 태도를 말합니다.
예
아니오
예
아니오
구상나무의 수는 계속적으로 늘고 있습니다.
인공 눈은 제설기를 통해 만들 수 있습니다.
사막여우는 몸에 비해 큰 귀로 체온을 조절합니다.
동물의 생김새와 생활 방식은 사는 곳이 달라도 같습니다.
예
아니오
예
아니오
예
아니오
예
아니오
바나나
사과
가방
돋보기
책
화폐
원숭이
사슴

정답 ____________________

메모

초등 국어 어휘 베스트셀러

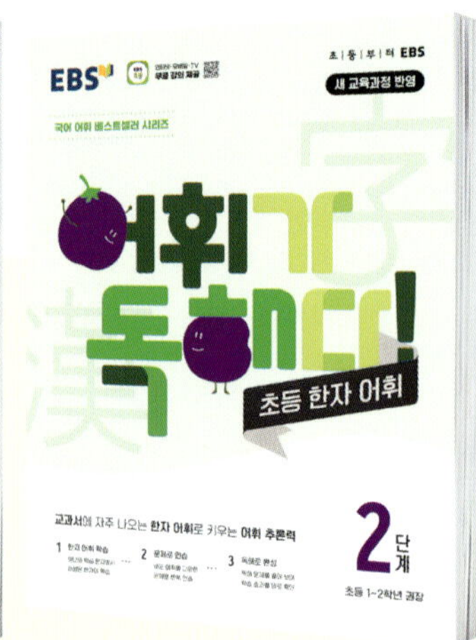

초등 국어 어휘

1~6단계

초등 한자 어휘

1~4단계

그 중요성이 이미 입증된 어휘력,
이제 확장하고 추가해서 **학습 기본기를 더 탄탄하게!**

NEW

전체 영역	'초등 국어 어휘' 영역	'초등 한자 어휘' 영역
★★★ 새 교육과정/교과서 반영으로 더 앞서가도록	1~6단계로 확장 개편해서 더 빈틈없도록	한자 어휘 영역도 추가해서 더 풍부하도록

'초등 국어 어휘'는 학년별 새 교육과정 적용 시기에 따라 순차 발간

초 | 등 | 부 | 터 EBS

새 교육과정 반영

초등 4주 완성 독해력 4 단계

초등 3~4학년 권장

하루 4쪽, 20일 동안 읽고 익히고 쓰면서 완성하는 종합 독해력!

정답과 해설

'한눈에 보는 정답' 보기
& 정답과 해설 내려받기

4주 완성 독해력 4단계

초등 3~4학년 권장

정답과 해설

1일 서로 돕는 우리 전통　8~11쪽

1 상부상조　**2** ㉰, ㉺　**3** (1) ○ (3) ○　**4** ①　**5** 행수
6 (2) ○ (3) ○　**7** 예 '품앗이'는 규모가 작은 일을, '두레'는 마을 전체의 일을 함께 한다. / '품앗이'는 '두레'에 비해 더 오랜 역사를 가지고 있다. / '두레'는 '품앗이'와 달리 체계적인 조직을 갖추었다.　**8** (1) ○

⚠**어휘 문제 1**(1) ① (2) ②　**2**(1) 일손 (2) 인품　**3**(2) ○

☑ **글의 구조 파악하기**
① 두레　② 역할　③ 품앗이

1 서로 돕는 일을 가리키는 말은 '상부상조'입니다. 우리 민족은 예로부터 힘든 일이 있을 때마다 서로 도왔습니다.

2 '두레'는 함께 모여 농사일을 하는 공동체입니다. ㉰처럼 논밭에 있는 잡초를 제거하거나, ㉺처럼 모내기를 하는 것은 대표적인 농사일로 볼 수 있습니다.

3 (1) 품앗이는 이웃끼리 도움을 주고받는 일을 말합니다.
(3) 품앗이는 두레보다는 규모가 작고 단순한 작업에서 자주 이루어졌습니다.

4 자신에게 주어진 숙제를 스스로 하는 것은 서로 돕는 모습을 보여 주는 예가 아닙니다.

5 두레를 이끄는 역할을 하는 사람을 '행수'라고 합니다.

6 '상부상조'는 힘든 일이 있을 때 서로 돕는 일이므로, 상부상조를 통해 일을 스스로 해결할 수 있는 능력을 기를 수 있다는 설명은 적절하지 않습니다.

7 품앗이는 두레보다 역사가 깊고, 규모가 작고 단순한 작업을 했고, 두레는 마을 전체의 농사일을 했고, 품앗이와 달리 체계적인 조직을 갖추었습니다.

8 우리 민족은 어려운 일이 있을 때 서로 돕는 상부상조의 전통이 있습니다.

어휘 문제

1 (1) '벼의 싹을 논으로 옮겨 심는 일.'을 '모내기'라고 합니다.
(2) '겨울 동안 먹을 김치를 늦가을에 한꺼번에 많이 만드는 일. 또는 그렇게 담근 김치.'를 '김장'이라고 합니다.

2 (1) '일손'은 '일을 하는 사람.'을 뜻합니다.
(2) '인품'은 '사람으로서 갖추고 있는 타고난 성품이나 됨됨이.'를 뜻합니다.

3 '삼삼오오'는 '사람들이 서넛 또는 대여섯 명씩 무리를 지어

다니거나 무슨 일을 함. 또는 그런 모양.'을 뜻합니다.

글의 구조 파악하기
함께 모여 농사일을 하는 공동체를 '두레'라고 하며, 두레는 사람마다 역할을 나누었습니다. 두레보다 규모가 작고 단순한 작업을 서로 도우며 했던 것을 '품앗이'라고 합니다.

2일 바다의 왕, 장보고　12~15쪽

1 (3) ○　**2** 골품제　**3** (1) ○ (2) ○　**4** (3) ○　**5** 청해진　**6** ③　**7** 예 당나라의 해적을 소탕하였다. / 신라의 아이들이 당나라에 끌려가지 않게 되었다. / 신라가 무역의 중심지로 발돋움하였다. / 장보고가 커다란 부를 쌓을 수 있었다.
8 한민, 정인

⚠**어휘 문제 1**(1) 무역 (2) 출세　**2**(1) 천한 (2) 출중한
3(1) ○

☑ **글의 구조 파악하기**
① 골품제　② 당나라　③ 청해진

1 '궁복', '장보고', '바다의 왕'은 모두 장보고를 가리키는 말입니다.

2 골품제는 어느 집안에서 태어났느냐에 따라 신분의 등급을 나누는 제도였습니다.

3 (1) 장보고는 '궁복'이라고 불렸는데, 궁복이라는 이름은 '활을 잘 쏘는 사람'을 뜻하는 말입니다.
(2) 무예가 출중했던 장보고는 당나라에서 큰 공을 세워 높은 지위에 올랐습니다.

4 신라에서는 재주가 뛰어나도 출세하기 어려웠지만, 당나라에서는 장보고도 출세할 수 있었습니다. 그러므로 ㉠은 출신과 상관없이 출세를 할 수 있었음을 뜻합니다.

5 신라의 무역 중심지이자 군사 기지였던 청해진은 해적을 소탕하기 위해 자신의 고향에 지은 곳입니다.

6 장보고는 신라로 돌아가 흥덕왕에게 해적을 소탕하겠다고 약속합니다. 그러므로 노예가 된 신라의 아이들을 본 후 신라의 아이들이 외국에 끌려와 고생하지 않도록 해야겠다고 생각했을 것으로 추측할 수 있습니다.

7 청해진이 생긴 후 해적이 소탕되었고, 신라는 무역의 중심지로 성장할 수 있었습니다.

8 장보고가 신라의 아이들을 위해 해적을 무찔렀듯이 '한민'은 어려운 처지에 있는 사람을 외면하지 않겠다고 말했습니다. 또한 장보고가 무역을 통해 부를 쌓았듯이 '정인'은 무역에 관심을 갖겠다고 말했습니다.

1 (1) '나라와 나라 사이에 서로 물건을 사고파는 일.'을 '무역'
이라고 합니다.

(2) '사회적으로 높은 지위에 오르거나 유명하게 됨.'을 '출세'
라고 합니다.

2 (1) '천한'은 '사회적 위치나 신분 등이 낮은.'을 뜻합니다.

(2) '출중한'은 '여러 사람 가운데서 특히 뛰어난.'을 뜻합니다.

3 '반란'은 '정부나 지도자 등에 반대하여 공격하거나 싸움을
일으킴.'을 뜻합니다.

글의 구조 파악하기

장보고가 신라에서 출세할 수 없었던 것은 '골품제'라는 신분 제
도 때문입니다. 당나라에서 높은 지위에 올랐던 장보고는 당나
라 해적들을 소탕하기 위해 신라로 다시 돌아가 청해진을 만들
었습니다.

3일 지구의 옛 모습을 담은 돌, 화석 16~19쪽

1 화석 **2** (1) ㉮, ㉯, ㉱ (2) ㉰, ㉲ **3** ㉰ → ㉮ → ㉯ →
㉲ **4** (1) ○ (3) ○ **5** 퇴적물 **6** (3) ○ **7** 예 인류의 역
사가 시작되기 전에 지구에 어떤 생명체가 살았는지 알 수 있다.
/ 지구의 환경이 과거에 어떠했는지 알 수 있다. **8** ㉮, ㉯, ㉱

⚠ **어휘 문제 1** (1) ① (2) ② **2** (1) 훼손되어 (2) 노출되어
3 (1) ○

☑ **글의 구조 파악하기**
① 몸체(흔적) ② 흔적(몸체) ③ 과정

---

1 '지금으로부터 약 1만 년 이전에 살았던 생물의 몸체나 흔적
이 암석이나 지층 속에 남아 있는 것.'을 '화석'이라고 합니다.

2 (1) 나뭇잎, 나무, 공룡이 화석이 된 것은 생물의 몸체가 화
석으로 된 것입니다.

(2) 벌레가 기어간 자국이나 공룡 발자국이 화석이 된 것은 생
물의 몸체가 아닌 생물의 흔적이 화석으로 된 것입니다.

3 공룡 화석이 만들어지려면 ㉯처럼 공룡이 죽은 후, ㉮와 같
이 흙이 덮여야 합니다. ㉯는 그 위로 많은 퇴적물이 쌓이고
오랜 시간을 거쳐 단단하게 굳어지면서 화석이 되는 과정이
며, ㉲는 그 화석이 발굴되는 모습입니다.

4 공룡 발자국이 많이 남아 있는 것은 고성에 많은 공룡이 살았
음을 알 수 있게 합니다. 공룡 발자국이 화석으로 남으려면
그 위로 많은 퇴적물이 쌓여 굳어지는 과정이 있어야 합니다.

5 자갈, 모래, 흙 등이 운반되어 쌓인 것을 '퇴적물'이라고 하
며, 퇴적물이 있어야 생물의 몸체나 흔적이 화석이 될 수 있
습니다.

---

6 화석은 1만 년 이전에 있었던 생물의 몸체나 흔적이 굳어진
것이므로 100년 전에 묻힌 동물의 뼈는 화석이 아닙니다. 또한
돌도끼는 생물의 몸체나 흔적이 아니므로 화석이 아닙니다.

7 화석을 살펴보면 인류의 역사가 시작되기 전에 지구에는 어
떤 생명체가 살았는지, 환경은 어떠했는지 알 수 있습니다.

8 마그마의 열이나 지하수는 동물의 뼈를 녹일 수 있으며, 다
른 생물이 죽은 생물의 몸체를 망가뜨리면 그 몸체는 화석이
되기 어렵습니다.

어휘 문제

1 (1) '누르는 힘.'을 '압력'이라고 합니다.

(2) '수나 정도 따위가 가장 작음.'을 '최소'라고 합니다.

2 (1) '훼손되어'는 '무너지거나 깨져 상하게 되어.'를 뜻합니다.

(2) '노출되어'는 '감추어져 있는 것이 남이 보거나 알 수 있
도록 겉으로 드러나.'를 뜻합니다.

3 '지층'은 '자갈, 모래, 진흙, 화산재 등이 오랜 시간 동안 쌓여
이루어진 층.'을 뜻합니다.

글의 구조 파악하기

화석의 종류에는 생물의 몸체가 화석으로 된 것과 생물의 흔적
이 화석으로 된 것이 있습니다. 화석은 생물의 몸체나 흔적 위로
퇴적물이 쌓인 후 단단해지는 과정을 통해 만들어집니다.

4일 제주도 여행에서 볼 수 있는 것들 20~23쪽

1 화산 폭발 **2** ⑤ **3** (1) ○ (2) ○ **4** ③, ⑤ **5** (2) ○
(3) ○ **6** (1) 바람이 많이 불었기 (2) 주변에 돌이 많았기
7 예 마을을 지켜 주는 수호신의 역할을 하였다. **8** (3) ○

⚠ **어휘 문제 1** (1) ① (2) ② **2** (1) 전통적인 (2) 이국적인
3 (2) ○

☑ **글의 구조 파악하기**
① 임금님 ② 할아버지 ③ 바람

---

1 제주도는 화산 폭발로 만들어진 섬으로, 용암이 식으면서 만
들어진 돌이 많습니다.

2 감귤은 조선 시대에 임금님께 바치던 과일이므로 이국적인
분위기를 내는 소재로 보기 어렵습니다.

3 제주도는 겨울철에도 평균 기온이 영하로 내려가지 않습니다.

4 감귤이 임금님께 바치던 귀한 과일이었다는 것으로 보아, 흔
히 먹을 수 있는 과일이 아님을 알 수 있습니다. 또한 감귤의
품종이 다양해졌다고 설명하고 있습니다.

5 제주도에서는 집의 담장이 필요할 때, 울타리를 쌓을 때, 밭

의 경계를 나타낼 때 등 여러 용도로 돌담을 이용했습니다.

6 (1) 돌담은 바람을 막는 용도로 쌓았는데, 돌담을 많이 쌓았다는 것은 그만큼 바람이 많이 불었음을 알 수 있게 합니다.
(2) 돌담을 많이 쌓을 수 있었다는 것은 그 재료인 돌이 풍부했음을 알 수 있게 합니다.

7 제주도 사람들은 돌하르방이 마을을 지켜 주는 수호신 역할을 한다고 믿었습니다.

8 돌하르방을 만들었던 돌인 현무암은 구멍이 많이 뚫린 돌이므로 매끈한 돌로 만들었다는 설명은 알맞지 않습니다.

....

어휘 문제

1 (1) '대기의 온도.'를 '기온'이라고 합니다.
(2) '일정한 지역에서 여러 해에 걸쳐 나타난 평균적인 날씨.'를 '기후'라고 합니다.

2 (1) '전통적인'은 '어떤 집단이나 공동체에서 지난 시대부터 전해 내려오는.'을 뜻합니다.
(2) '이국적인'은 '자기 나라가 아닌 다른 나라의 특징이나 분위기를 가진.'을 뜻합니다.

3 '명물'은 '어떤 지역에서 유명한 사물이나 특산물.'을 뜻합니다.

....

글의 구조 파악하기

감귤, 돌하르방, 돌담은 모두 제주도의 명물입니다. 감귤은 조선 시대에 임금님께 바치던 과일입니다. 돌하르방은 돌로 만든 할아버지라는 뜻입니다. 돌담은 바람을 막는 용도로 쓰였습니다.

5일 시소로 수평 잡기 24~27쪽

1 (2) ○ **2** (3) ○ **3** 무게 **4** ㉣ **5** (1) 가까운 (2) 먼
6 예 수평 잡기의 원리를 발견할 수 있다. / 수평대 양쪽의 무게가 균형을 이루었을 때 수평이 되는 원리를 발견할 수 있다. **7** ㉣ **8** 풀
어휘 문제 1 (1) ② (2) ① **2** (2) ○
　　　　　　 3 (1) 무게 (2) 저울접시

✓ 글의 구조 파악하기
① 균형 ② 시소 ③ 양팔 저울

---

1 이 글은 시소와 양팔 저울 등 수평과 관련된 것들에 대해 설명하고 있습니다.

2 시소에 올라탄 두 사람의 무게가 다를 때에는 무거운 사람이 받침점에 더 가까운 위치에 있을 때 수평을 이룹니다. 그러므로 종현이가 수아보다 더 무겁습니다.

3 무게는 물건의 무거운 정도를 뜻하는 말로, 지구가 물체를 끌어당기는 힘의 크기를 나타냅니다.

4 무게가 같은 두 물체가 수평을 이루려면 받침점으로부터 같은 거리만큼 떨어져 있어야 합니다.

5 수평대에서 '무거운 물체를 가벼운 물체보다 받침점에 더 가까운 위치로 옮겨 놓으면 수평을 이룰 수 있다.'라고 했으므로, 무거운 사람이 받침점에서 가까운 쪽에 앉거나 가벼운 사람이 받침점에서 먼 쪽에 앉아야 시소가 수평을 잡습니다.

6 시소는 수평 잡기의 원리를 발견할 수 있는 놀이 기구이며, 양팔 저울은 수평 잡기의 원리를 이용하여 만든 저울입니다.

7 '크고 작은 돌'은 일정한 무게를 지닌 물체가 아니므로 ㉣는 해당하지 않습니다.

8 왼쪽 그림에서 풀이 가위보다 무거움을 알 수 있고, 오른쪽 그림에서 가위가 지우개보다 무거움을 알 수 있습니다. 그러므로 풀, 가위, 지우개 순으로 무겁습니다.

....

어휘 문제

1 (1) '물건의 무게를 다는 데 쓰는 기구를 통틀어 이르는 말.'을 '저울'이라고 합니다.
(2) '물체를 떠받치는 지렛대를 괸 고정된 점.'을 '받침점'이라고 합니다.

2 '어느 한쪽으로 기울지 않은 상태.'를 '수평'이라고 합니다.

3 (1) 저울은 물체의 무게를 잴 때 사용합니다.
(2) 저울접시는 양팔 저울에서 측정하고자 하는 물체를 올려 놓는 부분입니다.

....

글의 구조 파악하기

수평 잡기의 원리는 수평대 양쪽의 무게가 균형을 이루었을 때 수평이 되는 원리로, 놀이 기구인 시소, 무게를 재는 도구인 양팔 저울 등에서 발견할 수 있습니다.

1주 마무리 학습 28쪽

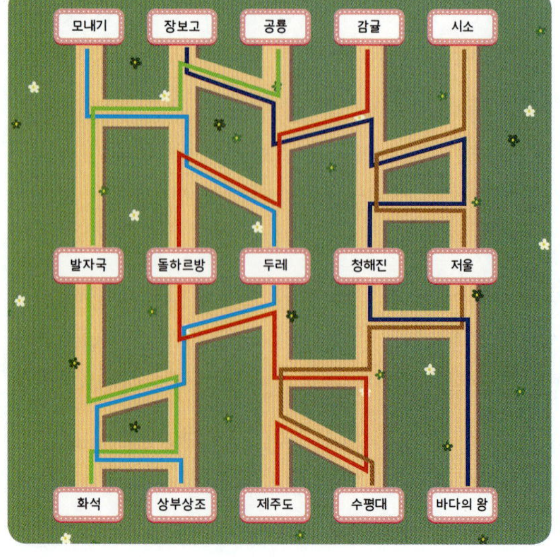

1일 박물관에서 하는 일   30~33쪽

1 공공 기관 **2** ④ **3** ② **4** ⑤ **5** ② **6** 유물 **7** 예 과거의 유물을 수집하고 전시한다. / 다양한 교육 프로그램을 운영한다. / 유물과 예술 작품을 보호하고 연구한다. **8** ①

어휘 문제 1 (1) ② (2) ①   **2** (1) 유물 (2) 전시
3 (1) ○   **4** (1) 이바지 (2) 편의

✓ 글의 구조 파악하기
① 공공 기관 ② 지방 자치 단체 ③ 보호

1 '공공 기관'이란 마을에 사는 주민 전체의 이익과 생활의 편의를 위해 국가나 지방 자치 단체가 세우거나 관리하는 곳을 말합니다.

2 이 글에서는 공공 기관 중 하나인 박물관에서 하는 일 세 가지를 설명하고 있습니다. ① 공공 기관의 종류는 첫 문단에서 다루지만, 이 글에서 주로 설명하고 있는 내용은 아닙니다.

3 박물관에서는 과거의 중요한 유물과 예술 작품을 수집하거나 전시합니다(①, ③). 또한 다양한 교육 프로그램을 운영하고(④), 유물과 예술 작품을 보존하고 연구하는 일(⑤)을 합니다. 오래된 유물을 판매하는 것은 박물관에서 하는 일이 아닙니다.

4 ㉠의 앞에서는 과거의 유물이나 옛날의 물건들을 통해 사람들이 과거의 역사와 문화를 알 수 있다는 내용을 설명하고 있습니다. 따라서 ㉠에는 유물이나 옛날 물건을 보고 과거의 모습을 알 수 있다는 내용이 들어가야 하므로 ⑤ '옛날 그릇을 보고 사람들의 생활 모습을 알 수 있습니다.'가 적합합니다. ①, ②, ③은 박물관에서 하는 프로그램에 참여하는 것과 관련이 있습니다. ④는 박물관에서 유물을 보존하는 일과 관련이 있습니다.

5 공공 기관은 경찰서, 소방서, 도서관, 박물관, 보건소, 교육청, 주민 센터 등 국가나 지방 자치 단체가 주민의 이익과 편의를 위해 세운 곳입니다. 시장, 아파트, 슈퍼마켓, 백화점은 공공 기관으로 볼 수 없습니다.

6 유물은 옛날 사람들이 후대에 남긴 물건을 말합니다. 옛날 사람들이 사용하던 도자기, 무기, 옷과 장신구, 그릇 등은 박물관에서 볼 수 있는 '유물'입니다.

7 이 글에서는 박물관에서 하는 일 세 가지를 설명하고 있습니다.

8 공공 기관은 주민의 이익과 편의를 위해 국가나 지방 자치 단체가 세운 곳입니다. 박물관이 주민들에게 다양한 프로그램을 제공하고, 문화 체험을 할 수 있도록 해 주고, 옛날 그림을 감상할 수 있게 해 주고, 유물을 볼 수 있게 하는 것은 주민들의 편의와 관련이 있으므로 박물관은 공공 기관으로 볼 수 있습니다. 유명한 사람이 세웠다는 이유만으로 공공 기관으로 볼 수는 없습니다.

어휘 문제

1 (1) '편의'는 '형편이나 조건 따위가 편하고 좋음.'을, (2) '보존'은 '잘 보호하고 간수하여 남김.'을 뜻합니다.

2 (1) '유물'은 '조상이 후대에 남긴 옛 물건.'을 말합니다. 따라서 선사 시대의 옛 물건이라는 뜻인 '유물'이 적합합니다.
　(2) '전시'는 '여러 물건을 한곳에 모아놓고 보임.'이라는 뜻을 지니고 있으므로, 미술관은 미술품들을 전시하는 곳이라는 문장이 알맞습니다.

3 '자긍심'은 '스스로에게 긍지를 갖는 마음.'이라는 뜻으로 비슷한 말로는 '자부심'이 있습니다. '견문'은 '보거나 듣거나 하여 깨달아 얻은 지식.'을 뜻합니다.

4 (1) 이번 연구가 과학 기술 발전에 도움을 준다는 뜻이 담겨야 하므로 '이바지'가 적절합니다.
　(2) 새로운 기능이 사용자의 편리함을 위해 만들어졌다는 뜻이 자연스러우므로 '편의'가 적절합니다. '편견'은 '한쪽으로 치우친 생각.'이라는 뜻입니다.

글의 구조 파악하기

이 글에서는 첫 문단에서 공공 기관의 뜻과 종류를 다루고, 공공 기관 중 하나인 박물관에서 하는 일을 크게 세 가지로 나누어 설명하고 있습니다.

2일 여가 활동과 건강   34~37쪽

1 여가 활동 **2** ㉱ **3** (1) ㉯, ㉫ (2) ㉮, ㉲ (3) ㉰, ㉳
4 ④ **5** ④ **6** 예 신체적 건강에 도움을 줍니다. / 정신적 건강을 유지하는 데 도움을 줍니다. / 사회적 관계를 심화합니다. **7** 적극적 **8** ④

어휘 문제 1 (1) ② (2) ①   **2** (1) 감소 (2) 유지
3 (1) ○   **4** (1) 해소 (2) 유대감

✓ 글의 구조 파악하기
① 종류 ② 문화 ③ 정신적

1 여가 활동이란 일이나 생활에 필요한 활동에서 벗어난 자유로운 시간에 이루어지는 활동을 말합니다.

2 자유로운 시간에 이루어지는 활동이 여가 활동입니다. ㉮는 해야 하는 공부와 관련된 것이고, ㉯는 일을 하는 시간과 관

련된 것이므로 여가 활동으로 볼 수 없습니다.

3 이 글의 설명에 따르면 신체 활동 중심의 여가 활동으로는 공원 걷기, 축구 경기 하기가 적합합니다. 독서와 영화 감상은 문화 활동 중심의 여가 활동이고, 여행이나 캠핑은 야외에서 하는 여가 활동입니다.

4 여가 활동은 신체적 건강뿐 아니라 정신적 건강에 도움을 줄 수 있습니다.

5 여가 활동은 해야 하는 공부 이외의 시간에 이루어지므로 공부하는 시간을 늘리는 것은 여가 활동의 기능이 아닙니다.

6 사람들의 삶의 질을 높이는 데 도움이 되는 내용이 드러나게 쓰면 답으로 인정합니다.

7 글쓴이는 여가 활동의 좋은 점을 설명하며, 여가 활동을 적극적으로 실천하자고 이야기하고 있습니다.

8 여가 활동의 좋은 점이 잘 드러난 홍보 문구를 고릅니다. 여가를 즐기면 일상이 풍요로워진다는 뜻인 ④가 적절합니다. ①은 장난과 폭력은 다르다는 것을, ②는 스스로의 노력을, ③은 환경 보호를 위한 실천을, ⑤는 고운 말의 중요성을 강조하는 표어입니다.

어휘 문제

1 (1) '개선'은 '잘못된 것이나 부족한 것, 나쁜 것 따위를 고쳐 더 좋게 만듦.'을, (2) '증진'은 '기운이나 세력 따위가 점점 더 늘어 가고 나아감.'을 뜻합니다.

2 (1) '감소'는 '양이나 수치가 줄어듦.'을 뜻합니다. 젊은 사람들이 도시로 몰려들면 농촌의 청년 인구는 줄어들게 되므로 빈칸에 들어갈 말은 '감소'가 적합합니다.
(2) '유지'란 '어떤 상태나 상황을 변함없이 계속하여 지탱함.'을 뜻합니다. 친구들이 좁고 복잡한 길에서도 질서를 변함없이 계속해 지키기 위해 노력했다는 뜻이 자연스러우므로, 빈칸에 들어갈 말은 '유지'가 적합합니다.

3 본문에서 여가 활동이란 일이나 생활에 필요한 활동에서 벗어난 자유로운 시간에 이루어지는 활동이라고 하였습니다. 따라서 '여가'란 '일이 없어 남는 시간.'이라고 추론할 수 있습니다. '취미'는 '전문적으로 하는 것이 아니라 즐기기 위하여 하는 일.'을 뜻합니다.

4 (1) 꾸준한 걷기 운동과 같은 활동은 스트레스를 줄일 수 있으므로 '어려운 일이나 문제가 되는 상태를 해결하여 없앰.'이란 뜻의 '해소'가 적절합니다.
(2) 다양한 사람들이 함께하는 활동을 통해 '서로 밀접하게 연결되어 있는 느낌.'을 나타내는 말인 '유대감'을 높일 수 있습니다.

글의 구조 파악하기

이 글에서는 여가 활동의 뜻과 종류에 대해 설명하고, 여가 활동의 좋은 점에 대해 설명하고 있습니다.

3일 **비건 패션을 아시나요?** 38~41쪽

1 비건 패션 **2** ⑤ **3** ④ **4** (1) ○ (2) ○ **5** 동참
6 ② **7** ④ **8** ㉮

⚠️어휘 문제 1 (1) ① (2) ② **2** (1) 생산 (2) 희생 **3** (2) ○

☑️ 글의 구조 파악하기
① 식물 ② 가죽 ③ 복지

1 비건 패션이란 동물의 털이나 가죽 대신 식물에서 나오는 재료나 다른 재료를 사용해 만든 옷이나 신발, 가방 등을 말합니다.

2 비건 패션은 동물의 털이나 가죽 대신 식물에서 나오는 재료 등을 사용해 만듭니다. ①의 양털 코트와 오리털 패딩, ②의 모피 코트, ③의 오리털 패딩, ④의 악어 가죽은 비건 패션이 아닙니다.

3 글에서 비건 패션의 겉모습은 동물성 재료로 만든 제품과 비슷하다는 내용이 있습니다. 따라서, 버섯 가죽이 동물성 재료로 만든 가죽과 겉모습이 많이 다르다고 볼 수 없습니다.

4 비건 패션은 환경 보호에 도움을 주고, 동물들의 희생을 줄일 수 있는 장점이 있습니다. 옷과 가방을 많이 생산하는 것과 비건 패션은 관련이 없으며, 오히려 화학적으로 옷을 대량으로 만드는 것과 관련이 있습니다.

5 ㉮에서는 어려운 이웃을 돕기 위해 봉사 활동에 함께 참여하기로 결심했다는 의미가 자연스러우며, ㉯에서는 환경 보호 캠페인에 많은 사람들이 참여하였다는 의미가 자연스럽습니다. 따라서 '어떤 일에 같이 참여함.'이라는 뜻을 나타내는 '동참'이 들어가는 것이 적절합니다.

6 비건 패션을 중요하다고 생각하는 사람의 입장에서 볼 때, 동물성 재료로 만든 옷들은 많은 동물의 희생이 뒤따르므로 부정적으로 보일 수 있습니다. 따라서 많은 동물들이 희생되어 안타깝다는 말이 적절합니다. ① 환경 오염을 줄일 수 있는 것은 비건 패션이므로 적절하지 않습니다. ③ 동물성 재료로 만든 옷이 튼튼하다 하더라도 비건 패션을 중요하게 생각하는 사람의 입장에서 할 말로 적절하지 않습니다. ④ 겨울을 따뜻하게 날 수 있겠지만, 비건 패션을 중요하다고 생각하는 입장에서 할 말로 적절하지 않습니다. ⑤ 동물성 재료로 만든 옷은 화학 물질을 많이 사용하므로 적절하지 않습니다.

7 이 글에서는 비건 패션의 뜻과 비건 패션의 중요성, 비건 패션의 특징과 재료에 대해 다루고 있습니다. 비건 패션의 단점은 다루고 있지 않습니다.

8 「 」 부분에 나타난 설명 방법은 예시입니다. ㉮는 채소에 비타민이 풍부하다는 것을 설명하기 위해 시금치, 브로콜리,

당근 등 예를 들어 설명하고 있습니다.
㉯의 설명 방법은 대조입니다. '대조'란 설명하는 대상의 차이점을 찾아 비교하는 설명 방법입니다.

어휘 문제

1 (1) '동참'은 '어떤 일에 같이 참가함.'을, (2) '윤리'는 '사람으로서 마땅히 행하거나 지켜야 할 도리.'를 뜻합니다.

2 (1) 공장이 생기면서 다양한 물건을 만드는 속도가 빨라진다는 의미가 자연스러우므로, '인간이 생활하는 데 필요한 각종 물건을 만들어 냄.'의 뜻을 가진 '생산'이 적합합니다.
(2) 전쟁으로 인해 많은 사람들이 목숨을 잃게 되었으므로, '사고나 자연재해 따위로 애석하게 목숨을 잃음.'의 뜻을 가진 '희생'이 적합합니다.

3 자연환경을 오염하지 않고 자연 그대로의 환경과 잘 어울리는 일을 나타내는 낱말은 '친환경'입니다. 산업화는 '산업의 형태가 됨. 또는 그렇게 되게 함.'을 뜻하는 낱말입니다.

글의 구조 파악하기

이 글에서는 동물의 털로 된 옷을 만들기 위해 동물들의 희생이 많이 필요하다는 문제를 제기하면서, 비건 패션의 뜻과 특징을 소개하고 있습니다. 또 비건 패션을 만드는 재료의 예를 들고 비건 패션의 좋은 점으로 동물 복지와 환경 보호에 도움을 줄 수 있다는 점을 설명하고 있습니다.

4일 **한글을 소개해요** 42～45쪽

1 훈민정음 **2** ② **3** ⑤ **4** ④ **5** 예 만든 원리가 과학적이다. / 배우기 쉽다. / 자음자와 모음자를 결합해 많은 글자를 만들 수 있다. / 시각적으로 아름다운 문자이다. / 한글을 만든 것을 기념하는 특별한 날이 있다. **6** (2) ○ **7** 문자 **8** 소윤

어휘 문제 **1** (1) ① (2) ② **2** (1) 유명 (2) 상징
3 (2) ○ **4** (1) 기념 (2) 시각적

글의 구조 파악하기
① 훈민정음 ② 특징 ③ 결합 ④ 한글날

---

1 '훈민정음'은 '백성을 가르치는 바른 소리'라는 뜻으로, 세종 대왕이 만든 문자입니다.

2 한글은 글자의 모양이 단순하고 균형이 있으므로, 복잡하고 불규칙적이라는 설명은 바르지 않습니다.

3 ㉠은 우리나라 고유의 문자가 없어 중국의 문자인 한자를 사용했던 상황을 가리킵니다. 당시 한자는 일반 백성들이 배울 기회도 적을 뿐더러 어려운 문자였습니다. 이런 상황에서 세

종대왕의 마음을 짐작한 것으로 적절한 것은 ⑤입니다.

4 발음 기관의 모양을 본떠 만든 글자는 자음자입니다. 기본 자음자 'ㄱ, ㄴ, ㅁ, ㅅ, ㅇ'는 발음 기관의 모양을 본떠 만들어졌고, 이 기본 자음자에 획을 더하거나 같은 자음자를 반복해서 다양한 자음자가 만들어졌습니다. ④는 모음자입니다.

5 이 글에 나타난 한글의 특징을 찾아 한 가지 쓰면 정답으로 인정합니다.

6 ㉮의 문자는 한글, ㉯의 문자는 한자입니다.
(1) 한글의 ㅎ, ㄱ은 자음자로 발음 기관의 모양을 본떠 만들어졌습니다. 하늘, 땅, 사람을 나타내는 것은 모음자입니다.
(3) 한자는 백성들에게 어려운 문자였습니다.

7 ㅁ, ㅈ, ㄴ, ㅜ, ㅏ를 한 번씩 결합해 만들 수 있는 낱말은 '문자'입니다.

8 이 글을 읽고 더 알고 싶은 점을 질문한 것을 골라야 하므로, 한글과 관련된 내용 중 이 글에 나타나지 않은 내용을 질문한 것을 골라야 합니다. 한글로 된 예술 작품의 예는 구체적으로 나타나 있지 않으므로, 소윤이가 더 알고 싶은 점을 적절히 질문했다고 할 수 있습니다.

어휘 문제

1 (1) '균형'은 '어느 한쪽으로 기울거나 치우치지 아니하고 고른 상태.'를, (2) '결합'은 '둘 이상의 사물이나 사람이 서로 관계를 맺어 하나가 됨.'을 뜻합니다.

2 (1) 이 음식점은 독특한 요리법으로 널리 알려져 있다는 뜻이 자연스러우므로, '이름이 널리 알려져 있음.'을 뜻하는 '유명'이 들어가야 적절합니다.
(2) 비둘기는 평화를 나타내는 동물이므로 '상징'이 들어가야 적절합니다. '상징'은 '추상적인 개념이나 사물을 구체적인 사물로 나타냄.'을 뜻합니다.

3 '간단하고 편리함.'의 뜻을 지닌 낱말은 '간편'입니다. '복잡'은 '일이나 감정 따위가 갈피를 잡기 어려울 만큼 여러 가지가 얽혀 있다.'라는 뜻으로 '간편'과 반대되는 뜻을 지니고 있습니다. '간소'는 '간략하고 소박하다.'라는 뜻으로, '간편'과 비슷한 뜻을 지니고 있습니다.

4 (1) '기증'의 뜻은 '선물이나 기념으로 남에게 물품을 거저 줌.'이며, '기념'은 '어떤 뜻깊은 일이나 훌륭한 인물 등을 오래도록 잊지 아니하고 마음에 간직함.'을 뜻합니다. 한글날은 한글 창제를 잊지 않고 간직하기 위해 만든 날이라는 의미가 자연스러우므로, '기념'이 적합합니다.
(2) '시각적'은 '눈으로 보는.'이라는 뜻을, '촉각적'은 '피부에 닿았을 때 일으키는 감각과 관련 있는.'이라는 뜻이 있습니다. 한글은 눈으로 보기에 아름다운 문자라는 뜻이 자연스러우므로 '시각적'이 적절합니다.

이 글은 한글에 대해 궁금해하는 외국인 친구에게 한글을 소개하는 글입니다. 먼저 한글이 언제, 어떻게 만들어졌는지를 알려 주고, 한글이 만들어진 원리와 한글의 특징에 대해 소개하고 있습니다.

5일 혼합물   46~49쪽

1 혼합물   **2** ③   **3** (1) ◯ (3) ◯   **4** (1) ◯ (2) ◯
5 ③   **6** ㉯   **7** 증발   **8** 자석

⚠ 어휘 문제 1 (1) ① (2) ②   **2** (1) 성질 (2) 체
            3 (1) 섞으면 (2) 차이

☑ 글의 구조 파악하기
① 성질 ② 분리 ③ 자석 ④ 증발

1 이 글에서 주로 설명하고 있는 내용으로, 두 가지 이상의 물질이 원래의 성질은 변하지 않은 채 서로 섞여 있는 것을 뜻하는 말은 '혼합물'입니다.

2 이 글에서는 혼합물을 설명하기 위해 비빔밥의 예를 들었습니다. 이 글에 제시된 비빔밥을 만드는 재료로는 밥, 나물, 고기, 달걀, 고추장 등이 있습니다. 토마토는 제시되지 않았습니다.

3 이 글에서는 비빔밥과 김밥을 예로 들며 혼합물의 뜻을 설명하고 있으며, 생활 속에서 혼합물을 분리하는 경우와 혼합물을 분리하는 방법에 대해 설명하고 있습니다.

4 (1) 혼합물을 분리하는 방법은 여러 가지입니다. 이 글에서는 대표적으로 세 가지 방법을 들고 있습니다.
(2) 금과 모래가 섞인 사금에서 금을 분리할 수 있다고 하였으므로, 사금도 혼합물로 볼 수 있습니다.
(3) 혼합물에 섞여 있는 물질의 고유한 성질은 변하지 않는다고 하였으므로 틀렸습니다.

5 혼합물은 두 가지 이상의 물질이 원래의 성질은 변하지 않은 채 섞인 것입니다. 이런 혼합물의 예로는 김밥, 소금물, 비빔밥, 팥빙수, 샌드위치, 샐러드 등을 들 수 있습니다.

6 ㉠ '눈'의 뜻은 '그물 따위에서 코와 코를 이어 이룬 구멍.'입니다. 이와 같은 뜻으로 쓰인 것은 ㉯의 '눈'입니다. ㉮의 '눈'은 사물을 보고 판단하는 안목을 뜻합니다. ㉰의 '눈'은 새로막 터져 돋아나려는 나무의 싹을 나타냅니다. ㉱의 '눈'은 하늘에서 내리는 눈을 뜻합니다.

7 설탕물을 햇빛이 잘 드는 곳에 놓고 며칠 동안 기다리면 물만 증발하고, 설탕이 남게 될 것입니다. 즉, 설탕물은 증발의 방법을 이용해 설탕과 물을 분리할 수 있습니다.

8 이 글에서는 자석에 붙는 성질을 이용해 혼합물을 분리할 수 있다고 설명하면서, 납작못 분리를 예로 들었습니다. 마찬가지로 제시된 그림에서 철 캔은 자석에 붙고, 철이 아닌 알루미늄 캔은 자석에 붙지 않을 것입니다.

어휘 문제

1 (1) '분리'는 '서로 나누어 떨어지게 함.'을, (2) '증발'은 '액체인 물이 기체인 수증기로 상태가 변하는 현상.'을 뜻합니다.

2 (1) 철 가루와 모래 가루의 혼합물에서 철 가루를 분리할 때는 철이 자석에 붙는 성질을 이용합니다. '성질'이란 '사물이 가진 고유의 특성.'을 의미합니다.
(2) 이 글에서 알갱이의 크기가 다른 고체가 섞여 있는 혼합물들은 눈의 크기가 다른 체를 사용해 분리할 수 있다고 하였습니다. 마찬가지로, 거름망은 거름망의 구멍 크기를 이용해 커피 물만 통과시켜 원두 찌꺼기를 분리할 수 있으므로 '체'와 같은 역할을 합니다. '체'란 '가루를 곱게 치거나 액체를 거르는 데 쓰는 기구.'를 뜻합니다.

3 (1) 이 글에서 샐러드는 혼합물이라고 설명하였습니다. 여러 가지 채소와 드레싱을 섞은 것이 샐러드입니다. '분리'는 '서로 나누어 떨어지게 함.'을 뜻합니다.
(2) 콩, 옥수수, 좁쌀의 혼합물은 알갱이의 크기 차이를 이용하여 분리할 수 있습니다. '차례'는 '순서 있게 구분해 벌여 나가는 관계.'를 뜻합니다.

글의 구조 파악하기

이 글은 일상생활에서 볼 수 있는 혼합물의 예를 들며, 혼합물의 뜻을 설명하고 있습니다. 또한 혼합물의 분리 방법을 크게 세 가지로 구분하여 설명하고 있습니다.

2주 마무리 학습   50쪽

1. 여가
2. 유물
3. 창제
4. 생산
5. 혼합물

1일 경제 활동에 참여해요   52~55쪽

1 경제 활동 **2** (1) ② (2) ① **3** (1) ㉰, ㉣ (2) ㉯, ㉵ (3) ㉮, ㉶ **4** 희소성 **5** 다인 **6** ②, ④ **7** 예 자신에게 알맞은 물건을 골라 큰 만족감을 얻을 수 있다. / 돈을 절약할 수 있다. **8** 소비

어휘 문제 1 (1) ② (2) ① **2** (1) 자연 (2) 자원
    3 (1) 소비 (2) 현명한

☑ 글의 구조 파악하기
① 생산 ② 희소성 ③ 정보

---

1 '경제 활동'이란 사람이 생활하는 데 필요한 여러 가지 것을 만들고 사용하는 것과 관련된 모든 활동을 말합니다.

2 무용수가 발레 공연을 하는 일은 생활을 즐겁게 해 주는 생산 활동입니다. 집에서 먹을 빵을 사는 일은 생산된 빵을 이용하는 소비 활동입니다.

3 (1) 버섯 따기, 벼농사 짓기는 버섯, 쌀 등의 생산물을 자연에서 얻는 생산 활동입니다.
(2) 건물 짓기, 자동차 만들기는 건물, 자동차 등 생활에 필요한 것을 만드는 생산 활동입니다.
(3) 공연하기, 환자 진료하기는 공연, 진료 등으로 생활을 편리하고 즐겁게 해 주는 활동입니다.

4 사람들이 원하는 것은 많으나 그것을 모두 갖기에는 부족한 상태를 '희소성'이라고 합니다.

5 택배를 배달하는 일과 머리카락을 손질해 주는 일은 생산물이 눈에 보이지 않는 활동입니다. 반면 벼를 수확하는 일과 고기를 낚는 일은 생산물이 눈에 보이는 활동입니다.

6 현명한 소비를 위해서는 소비하려는 물건이 자신의 생활에 꼭 필요한 것인지를 고려해야 합니다. 사려는 물건이 친구에게 자랑할 수 있는 것인지, 유명한 사람이 가지고 있는 것과 같은 것인지는 자신에게 필요한 물건인지 판단하는 데 고려할 만한 사항이 아닙니다.

7 현명한 소비를 하면 자신에게 알맞은 물건을 골라 큰 만족감을 얻을 수 있고, 돈도 절약할 수 있습니다.

8 물건을 고르는 것은 소비를 하기 위한 과정이며, 가계부는 소비 활동이 어떻게 이루어졌는지를 기록하는 것입니다.

어휘 문제

1 (1) '여럿 가운데서 필요한 것을 골라 뽑음.'을 '선택'이라고

합니다.
(2) '수량이나 범위 따위를 제한하여 정함.'을 '한정'이라고 합니다.

2 (1) '자연'은 '사람의 손길이 미치지 않고 저절로 생겨난 산, 강, 바다 등의 지리적 환경.'을 뜻합니다.
(2) '자원'은 '생활에 필요한 것을 만드는 데 사용되는 모든 것.'을 뜻합니다.

3 (1) '소비'는 눈에 보이는 물건뿐만 아니라 눈에 보이지 않는 서비스에 돈을 쓰는 것을 포함합니다.
(2) 필요성, 가격, 품질 등을 꼼꼼하게 따지는 것은 '현명한' 선택을 위해 필요한 일입니다.

글의 구조 파악하기

경제 활동 중 생활에 필요한 물건을 만들거나 우리 생활을 편리하고 즐겁게 해 주는 활동을 '생산'이라고 합니다. 경제 활동을 할 때는 '희소성'을 고려해야 하며, 특히 현명한 소비를 위해서는 소비하려는 대상에 대한 '정보'를 수집하는 일이 필요합니다.

2일 우리 사회는 이렇게 변하고 있어요   56~59쪽

1 (1) 저출생 (2) 고령화 **2** (1) ○ (2) ○ **3** ③ **4** 복지 **5** (1) 늘어나고 (2) 줄어들고 **6** ③ **7** 예 예의를 갖추어 말하도록 한다. / 소통하는 상대방을 존중하는 태도를 갖도록 한다. **8** 예 믿을 만한 전문가나 기관에 의해 만들어진 것인지 확인해 봐.

어휘 문제 1 (1) ① (2) ② **2** (1) 존중 (2) 복지
    3 (1) 전망하고 (2) 정기적

☑ 글의 구조 파악하기
① 저출생 ② 고령화 ③ 정보

---

1 태어나는 아이의 수가 줄어드는 현상을 '저출생'이라고 합니다. 또한 노인 인구가 차지하는 비율이 늘어나는 현상을 '고령화'라고 합니다.

2 저출생을 해결하기 위해서는 교육비 지원 등 경제적인 도움을 주거나, 보육 시설을 늘릴 필요가 있습니다.

3 고령화는 노인 인구의 비율이 늘어나는 것이므로 노인 전문 병원의 수도 늘어날 것으로 예측할 수 있습니다.

4 편안하고 행복하게 사는 삶을 뜻하는 말은 '복지'입니다. 노인정, 요양원 등을 노인 복지 시설이라고 합니다.

5 (1) 저출생 현상으로 태어나는 아이의 수가 줄어들고 있으므로 학생 수가 줄어드는 학교는 늘어날 것입니다.

(2) 저출생 현상으로 젊은 나이의 사람들이 줄어들면 일할 수 있는 힘을 가진 사람의 수도 줄어들 것입니다.

6 '정보화'는 사회가 발전해 나가는 데 정보가 중요한 자원이 되어 사회가 크게 변화하는 것을 뜻하는 말입니다. 급식실에 가서 친구들과 점심을 먹는 것은 정보의 중요성과 관련이 없는 일입니다.

7 컴퓨터나 스마트폰으로 대화할 때는 예의를 갖추어 말하도록 하고, 상대방을 존중하는 태도를 갖추도록 합니다.

8 인터넷에서 접하는 정보가 믿을 만한지 확인하기 위해서는 그 정보를 믿을 만한 전문가나 기관이 만든 것인지 확인해야 합니다.

- -

어휘 문제

1 (1) '흩어져 널리 퍼짐.'을 '확산'이라고 합니다.
(2) '어떤 일이나 현상이 일정한 방향으로 나아가는 경향.'을 '추세'라고 합니다.

2 (1) '존중'은 '의견이나 사람을 높이어 귀중하게 여김.'을 뜻합니다.
(2) '복지'는 '편안하고 행복하게 사는 삶.'을 뜻합니다.

3 (1) '전망하고'는 '앞날을 미리 예상하고.'를 뜻합니다.
(2) '정기적'은 '기한이나 기간이 일정하게 정해져 있는 것.'을 뜻합니다.

- -

글의 구조 파악하기

이 글은 태어나는 아이의 수가 줄어드는 저출생, 노인 인구의 비율이 늘어나는 고령화, 정보가 중요한 자원이 되는 정보화 등으로 세상이 변화하고 있음을 설명하고 있습니다.

3일 **서로 다른 문화 알아보기** 60~63쪽

1 문화 **2** 벗고 **3** 밥상 **4** ① **5** ① **6** (1) 틀린 (2) 다른 **7** 예 우리나라는 밥그릇을 손에 들지 않고, 일본은 밥그릇을 손에 들고 먹는다. / 우리나라는 일본과 달리 밥그릇을 들고 먹으면 복이 달아난다고 생각한다. **8** (1) ○

어휘 문제 1 (1) ② (2) ① **2** (1) 좌식 (2) 입식
3 (1) 가열 (2) 신성

☑ 글의 구조 파악하기
① 문화 ② 온돌 ③ 난로 ④ 밥그릇

---

1 '사람들이 가지고 있는 공통적인 생활 방식.'을 '문화'라고 합니다.

2 그림 속 집은 한국의 전통 집인 한옥입니다. 한국에서는 실내에 신발을 벗고 들어갑니다.

3 밥상은 방바닥에 내려놓고 사용하는 것이므로 좌식 문화와 관련이 있는 물건입니다.

4 우리나라는 온돌로 난방을 하면서 실내에서 신발을 벗는 문화가 자리잡았고, 서양은 난로로 난방을 하면서 실내에서 신발을 신는 문화가 자리잡았습니다.

5 ㉠을 포함한 문장 뒤에 이어지는 내용에서 힌두교, 이슬람교를 믿는 사람들이 각각 먹지 않는 고기의 종류에 대해 설명하고 있으므로, ㉠에는 '가리는 음식'에 차이가 있다고 쓰는 것이 알맞습니다.

6 이 글은 서로 다른 문화에 대해 설명하면서, 특정한 삶의 방식이 옳거나 틀린 것이 아니라 서로 다르게 발달한 것임을 보여 주고 있습니다.

7 우리나라에서는 밥을 먹을 때 밥그릇을 손에 들지 않지만, 일본에서는 밥그릇을 손에 들고 젓가락으로 밥을 먹습니다. 밥그릇을 들고 먹으면 복이 달아난다는 것은 우리나라에만 해당하는 이야기입니다.

8 힌두교에서는 소를 신성하게 여겨서 소고기를 먹지 않습니다.

- -

어휘 문제

1 (1) '건물 안이나 방 안의 온도를 높여 따뜻하게 하는 일.'을 '난방'이라고 합니다.
(2) '기계를 사용하여 실내의 온도를 낮추는 일.'을 '냉방'이라고 합니다.

2 (1) '좌식' 문화는 집 안에서 방바닥에 앉아서 생활하는 문화를 의미합니다.
(2) '입식' 문화는 소파나 의자에 앉아서 생활하는 문화를 의미합니다.

3 (1) '어떤 물질에 뜨거운 열을 가하다.'를 뜻하는 말은 '가열하다'입니다.
(2) '함부로 가까이할 수 없을 만큼 귀하고 위대하다.'를 뜻하는 말은 '신성하다'입니다.

- -

글의 구조 파악하기

이 글은 문화별로 서로 다른 특징이 있음을 보여 주고 있습니다. 우리나라는 온돌로 난방을 하면서 좌식 문화가, 서양은 난로로 난방을 하면서 입식 문화가 발달했습니다. 힌두교는 소를, 이슬람교는 돼지를 먹지 않습니다. 또한 밥그릇을 들지 않고 밥을 먹는 우리나라와 달리 일본, 중국은 밥그릇을 들고 밥을 먹는 등의 서로 다른 특징이 있습니다.

1 물 부족　**2** ㉮, ㉱　**3** (2) ○　(3) ○　**4** 변하지 않습니다　**5** 예 샤워 시간을 줄이도록 노력해야 해.　**6** (1) 없는　(2) 많은　**7** 예 세계적인 인구 증가로 물의 사용량이 크게 늘었다. / 산업 발달로 물 사용량이 크게 늘었다. / 인구 증가와 산업 발달로 수질 오염이 심각해졌다.　**8** ①

▲어휘 문제　**1** (1) ①　(2) ②　**2** (1) 감소　(2) 증가　**3** (2) ○

☑ 글의 구조 파악하기
① 인구　② 수질　③ 여름

1 이 글은 전 세계적으로 물이 부족한 현상에 대해 설명하고 있습니다.

2 첫 번째 문단에서 안전하게 마실 물을 공급받지 못하는 인구의 수는 20억 명에 달한다는 내용을 확인할 수 있습니다. 세 번째 문단에서 우리나라에서 물이 부족해지는 계절이 봄과 가을임을 확인할 수 있습니다.

3 (1) ☆☆과 우리나라는 모두 물 스트레스 국가에 해당합니다.
(2) ☆☆은 계절에 따라 물이 부족한 일이 생기고는 한다고 써 있으며, 우리나라는 특히 봄, 가을에 물이 부족합니다.
(3) 우리나라는 연간 1인당 사용할 수 있는 물의 양이 1,400톤 가량으로 1,200톤 가량인 ☆☆보다 많습니다.

4 지구에 있는 물은 다른 형태로 변하면서 순환한다고 했으므로 지구에 있는 물의 총량은 변하지 않습니다.

5 물 절약을 위해 개인이 할 수 있는 일 중에는 샤워 시간을 줄이는 것이 있습니다.

6 (1) 지구에 있는 물은 대부분 바닷물이라서 사람이 마실 수 없는 물입니다.
(2) 우리나라에는 전 세계 평균보다 많은 비가 내리지만 비가 여름에 집중적으로 내린다는 특징이 있습니다.

7 이 글은 사람이 마실 물이 줄어든 이유로 세계적인 인구 증가, 산업 발달로 인한 수질 오염 등을 제시하고 있습니다.

8 우리나라는 봄, 가을에 물이 부족한 경우가 많습니다.

어휘 문제

1 (1) '액체가 한 덩어리로 엉기어 뭉치게 되다.'를 '응결되다'라고 합니다.
(2) '안에서 만들어진 것이 밖으로 밀려 내보내지다.'를 '배출되다'라고 합니다.

2 (1) 오염 물질을 배출하는 공장이 감소해야 환경이 깨끗해집니다.
(2) 우리 도시의 교통량이 갑자기 증가하면 길이 막히기 시작합니다.

3 '기근'은 '필요한 것이 매우 모자라는 상태.'를 뜻합니다.

글의 구조 파악하기

이 글은 전 세계적으로 물 부족 현상이 심화되고 있음을 설명하고 있습니다. 인구 증가, 산업 발달로 인한 수질 오염 등으로 사람이 마실 수 있는 물이 줄어들고 있습니다. 우리나라는 비가 많이 오지만 여름에 집중되어 있어 봄, 가을에 물이 부족한 경우가 있습니다. 그러므로 물 절약을 위해 노력해야 합니다.

1 (2) ○　**2** 규모　**3** 예 도로가 끊어질 수 있다. / 건물이 무너질 수 있다. / 산사태가 일어날 수 있다. / 지진 해일이 일어날 수 있다.　**4** (2) ○　**5** ④　**6** (3) ○　**7** ④　**8** (3) ○

▲어휘 문제　**1** (1) ①　(2) ②　**2** (1) 차단　(2) 추정　**3** (1) 감지　(2) 부실

☑ 글의 구조 파악하기
① 지진 해일　② 세기　③ 가방

1 이 글은 지진의 뜻, 지진의 피해, 지진의 세기 등 지진에 대해 설명하고 있습니다.

2 지진의 세기를 나타내는 단위는 '규모'입니다.

3 지진이 발생하면 도로가 끊어지거나 건물의 붕괴, 산사태 등이 생길 수 있습니다. 또한 지진 해일을 일으키기도 합니다.

4 (1) 규모는 1이 증가할 때마다 약 32배 강한 지진임을 나타냅니다.
(2) 규모 3.0 이상의 지진은 지진이 발생했음을 사람이 감지할 수 있습니다.
(3) 부실하게 지어진 건물이 파괴되는 것은 규모 5.0 이상의 지진입니다.

5 지진이 한 번 멈춘 뒤에 할 일은 문을 닫는 것이 아니라 여는 것입니다.

6 엘리베이터에 있을 때 지진이 발생하면 모든 층의 버튼을 눌러 가장 먼저 문이 열리는 층에서 내려야 합니다.

7 최근에도 큰 지진이 일어난 적이 있고, 신라 시대에는 더욱 큰 지진이 일어난 적이 있다는 것을 보았을 때, 우리나라도 지진으로부터 안전한 곳이 아니라는 내용이 나오는 것이 알맞습니다.

8 지진이 발생하면 고정되지 않은 물건들이 떨어질 수 있습니다. 그러므로 가방이나 손으로 머리를 보호하는 것은 그러한 물건들로부터 머리를 다치는 것을 막는 행위로 볼 수 있습니다.

1 (1) '무너지고 깨지게 되다.'를 뜻하는 말은 '붕괴되다'입니다.
   (2) '한곳에서 움직이지 않다.', 또는 '움직이지 않게 되다.'를 뜻하는 말은 '고정되다'입니다.

2 (1) '액체나 기체 등의 흐름을 막거나 끊어서 통하지 못하게 함.'을 '차단'이라고 합니다.
   (2) '미루어 생각하여 판단하고 정함.'을 '추정'이라고 합니다.

3 (1) '느끼어 알다.'를 뜻하는 말은 '감지하다'입니다.
   (2) '내용이 충실하지 못하거나 실속이 없다.'를 뜻하는 말은 '부실하다'입니다.

글의 구조 파악하기

이 글은 지진에 대해 설명하는 글입니다. 바다 밑에서 지진이 발생하면 지진 해일이 발생할 수 있습니다. 지진의 세기는 규모라는 단위로 나타냅니다. 또한 지진이 발생했을 때 건물 밖에 있다면 가방이나 손으로 머리를 보호하고 넓은 공간으로 대피합니다.

3주 마무리 학습　　72쪽

4주

1일　촌락과 도시에서 생기는 문제점　74~77쪽

1 촌락　**2** ④　**3** (1) ○　**4** ㉮, ㉣　**5** ③　**6** 예 환경 문제가 발생한다. / 주택이 부족하다. / 교통 문제가 심각하다. / 범죄 문제가 증가한다. / 일자리가 부족하다.　**7** ①　**8** ①, ③

어휘 문제 **1** (1) ②　(2) ①　**2** (1) 밀집　(2) 수입
　　　　　3 (1) 소득　(2) 마련

글의 구조 파악하기
① 자연환경　② 인구　③ 고령화　④ 소득　⑤ 환경 문제

---

1 농촌, 어촌, 산지촌처럼 자연환경을 주로 이용하여 살아가는 지역을 가리키는 말은 '촌락'입니다.

2 도시는 인구가 밀집해 있고 사회, 정치, 경제 활동의 중심이 되는 곳입니다(③). 도시에는 높은 건물이 많으며(①), 인구가 많다 보니 일자리가 다양합니다(②). 또한 도로가 연결되어 있고, 교통 시설이 발달했습니다(⑤). 농업, 어업, 임업이 발달한 곳은 촌락입니다(④).

3 어촌에서 주로 볼 수 있는 생산 활동의 모습을 생각해 봅니다. 어촌은 바닷가 마을로 어업을 주로 하므로 물고기를 잡거나, 김과 미역을 기르는 활동을 볼 수 있을 것입니다.

4 ㉣ 대중교통 및 교통 시설이 발달한 곳은 도시이고, 대중교통이 비교적 적은 곳은 촌락입니다. ㉮ 다양한 일자리가 있는 곳은 도시이고, 자연환경을 이용한 일자리가 많은 곳은 촌락입니다.

5 이 글에서는 촌락의 뜻과 촌락과 도시의 특징을 설명합니다. 이를 통해 촌락과 도시의 차이점을 알 수 있습니다. 또, 촌락과 도시에서 나타나는 문제점을 제시하고 있습니다. 세계의 다양한 도시는 이 글에서 알 수 없습니다.

6 현지가 조사한 지역은 지하철 역이 많고, 고층 빌딩도 많고, 편의 시설이 많습니다. 이를 통해 현지는 도시에 대해 조사했음을 알 수 있습니다. 도시의 문제점으로 알맞은 것을 쓰면 정답으로 인정합니다.

7 이 글에 따르면, 촌락에서는 고령화 현상이 나타나면서 일할 수 있는 사람들이 줄고 있는 문제점이 있습니다(③, ④). 사람들이 이용할 수 있는 편의 시설이나 대중교통이 도시에 비해 적다는 점(②, ⑤)도 문제점입니다. 공기 오염은 도시에서 나타나는 문제점입니다.

8 ㉠의 기본형인 '마련하다'의 뜻은 '헤아려서 갖추다.'입니다. '촌락과 도시의 문제점을 해결하기 위해 다양한 제도를 준비

하거나 차리다.'라는 의미가 드러나는 낱말을 고르도록 합니다. '갖추다'는 '있어야 할 것을 가지거나 차리다.'라는 뜻이고, '준비하다'는 '미리 마련하여 갖추다.'라는 뜻이므로 바꾸어 쓸 수 있습니다.

어휘 문제

1 (1) '수입'은 '다른 나라로부터 상품이나 기술을 국내로 사들임.'이라는 뜻이 있습니다. 반대로 '수출'의 뜻은 '국내의 상품이나 기술을 외국으로 팔아 내보냄.'입니다.

(2) '임업'은 '산에서 나무를 가꾸어 베거나 산나물을 캐는 일.'을 뜻합니다. 산지촌에 사는 사람들은 임업을 주로 합니다.

2 (1) '빼곡히'라는 낱말을 통해, 사람들이 공연장에 가득 차 있다는 뜻을 나타내는 낱말을 고릅니다. '밀집'은 '빈틈없이 빽빽하게 모임.'을 가리킵니다.

(2) 우리나라는 기름이 나지 않아서 석유를 주로 외국에서 사들인다는 뜻을 나타내는 낱말을 고릅니다. '수입'의 뜻은 '다른 나라로부터 상품이나 기술을 국내로 사들임.'입니다.

3 (1) '소득'의 뜻은 '일해서 얻은 정신적, 물질적 이익.'입니다. '소비'의 뜻은 '돈이나 물자, 시간, 노력 따위를 들이거나 써서 없앰.'입니다. 이번 달에 물건을 팔고 얻은 것과 관련 있는 낱말은 '소득'입니다.

(2) '마련'의 뜻은 '헤아려서 갖춤.'이며, '해소'의 뜻은 '어려운 일이나 문제가 되는 상태를 해결해 없애버림.'입니다. 공공 기관에서는 다양한 방법을 준비하고 갖춘다는 의미가 드러나야 자연스러우므로, '마련'이 적절합니다.

글의 구조 파악하기

이 글은 첫 문단에서 촌락의 뜻과 특징을 설명하고, 둘째 문단에서는 도시의 특징을 설명하고 있습니다. 셋째, 넷째 문단에서는 촌락과 도시에서 나타나는 문제점을 제시하고 있습니다.

1 디지털 윤리 **2** ② **3** (1) ○ (2) ○ (4) ○ **4** ① **5** ⑤
6 초상권 **7** ⑤ **8** ①, ③

어휘 문제 1 (1) ① (2) ② **2** (1) 저작권 (2) 유출
　　　　　3 (1) 침해 (2) 공유

글의 구조 파악하기
① 유출 ② 침해 ③ 중독 ④ 배려 ⑤ 개인 정보

1 디지털 세상에서 지켜야 할 태도로, '디지털 기기를 사용할 때 자신의 감정을 조절하고 타인을 존중하며 배려하는 태도'를 '디지털 윤리'라고 합니다.

2 디지털 세상에서는 스마트폰으로 정보를 바로 찾고(①), 실시간으로 사람들과 소통을 할 수 있으며(④), 다른 나라 사람들과 일상을 공유할 수 있게 되었습니다. 또한 사이버 폭력이나 개인 정보 유출, 초상권 침해와 같은 문제점이 나타나기도 합니다(③). 또 메타버스 같은 가상 세계에서는 현실에서 할 수 없는 다양한 경험을 할 수 있습니다(⑤). ② 디지털 세상에서는 실제 이름이나 얼굴을 반드시 공개할 필요가 없기 때문에 사람들이 나쁜 말을 쉽게 하기도 합니다.

3 이 글에서는 디지털 세상의 좋은 점을 설명하면서, 디지털 세상에서 생길 수 있는 문제를 제시하고 있습니다. 이 문제를 해결하기 위해 디지털 윤리의 필요성을 강조하면서, 디지털 윤리의 예를 다양하게 제시했습니다. 디지털 윤리를 실천한 인물에 대해서는 나타나 있지 않습니다.

4 디지털 윤리에서는 다른 사람을 존중하고 배려하는 태도가 중요합니다. ② 나와 의견이 다른 사람의 말을 존중하는 태도가 중요하므로 알맞지 않습니다. ③ 나를 알리기 위해 내 개인 정보를 공개하면 개인 정보 침해의 우려가 있습니다. ④ 다른 사람의 저작물에 대한 권리를 침해해서는 안 됩니다. ⑤ 인터넷에 나타난 정보의 사실 여부를 확인하는 태도가 필요합니다.

5 SNS에 자기 이름, 주소, 학교, 생일 등 개인 정보를 올리면 다른 사람들이 이를 범죄 등에 몰래 이용할 수 있습니다. 이는 개인 정보 유출 문제와 관련이 가장 깊습니다.

6 친구와 함께 찍은 사진이나 영상은 초상권과 관련이 깊습니다. 친구의 동의 없이 사진이나 영상을 올리는 것은 초상권을 침해하는 일입니다.

7 '발생'의 뜻은 '어떤 일이나 사물이 생겨남.'입니다. 여러 문제가 '발생하다'와 바꾸어 쓸 수 있는 낱말로는 여러 문제가 '생기다', '나타나다', '벌어지다', '일어나다' 등이 있습니다. '찾아내다'는 생겨나는 것이 아니라 '찾기 어려운 사람이나 사물을 찾아서 드러내다.'라는 뜻이므로 적절하지 않습니다.

8 디지털 윤리의 필요성 및 좋은 점이 드러나는 캠페인 문구를 생각해 봅니다. ①은 배려하는 디지털 윤리를 강조하므로 적절합니다. ③은 친절한 댓글의 중요성을 강조하므로 적절합니다. ②는 가정에서 대화의 중요성, ④는 쓰레기를 줄이자는 내용, ⑤는 아동 학대를 근절하자는 내용의 캠페인 문구입니다.

어휘 문제

1 (1) '공유'는 '정보나 의견, 감정 따위를 나눔.'이라는 뜻이 있습니다.

(2) '유출'은 '귀중한 물품이나 정보가 불법적으로 밖으로 나가는 것.'을 뜻합니다.

2 (1) '저작권'이란 '창작물에 대해 갖는 저작자의 권리.'를 말합니다.

(2) 시험 문제가 밖으로 빠져나가거나 외부로 공개되는 것을 막기 위해 보안을 철저히 한다는 의미가 되도록 빈칸에 들어갈 말은 '유출'이 적합합니다.

3 (1) '침해'의 뜻은 '침범하여 해를 끼침.'이므로 다른 사람들의 권리에 해를 끼쳐서는 안 된다는 의미를 나타내는 '침해'가 알맞습니다.

(2) 친구들과 책을 읽고 느낀 점을 서로 나눈다는 의미가 적절하므로, '공유'가 알맞습니다. '개방'은 '문이나 어떠한 공간을 열어 자유롭게 드나들고 이용하게 함.' 또는 '금하던 것을 풀고 자유롭게 드나들거나 교류함.'이라는 뜻이 있습니다.

글의 구조 파악하기

이 글의 첫 문단에서는 디지털 세상의 좋은 점과 특징을 제시하고 있습니다. 하지만 디지털 세상에서 나타나는 많은 문제점을 이어 설명하면서, 이를 막기 위해 디지털 윤리의 필요성을 강조합니다. 디지털 윤리란 디지털 기기를 사용할 때 자신의 감정을 조절하고 타인을 존중하며 배려하는 태도를 말합니다. 또 이 글에서는 지켜야 하는 디지털 윤리의 예를 설명하고, 디지털 세계에서 좋은 영향력을 끼치는 구체적인 예를 제시하고 있습니다.

3일 사는 곳에 따른 동물의 특징 82~85쪽

1 사는 곳 **2** (1) 게, 조개 (2) 상어, 전복 (3) 개구리, 수달
3 석진 **4** ⑤ **5** 강아지 **6** (2) ○ **7** ④ **8** 수진

⚠**어휘 문제 1** (1) ① (2) ② **2** (1) 아가미 (2) 조절
3 (1) ○

☑**글의 구조 파악하기**
① 지렁이 ② 하늘 ③ 날개 ④ 갯벌 ⑤ 극지방

---

1 이 글은 동물의 생김새와 생활 방식을 땅에서 사는 동물, 하늘에서 사는 동물, 물에서 사는 동물, 사막이나 극지방에서 사는 동물로 나누어 설명하고 있습니다. 따라서 빈칸에 들어갈 적절한 말은 '사는 곳'입니다.

2 갯벌에는 게, 조개 등이 살고, 바닷속에는 상어, 오징어, 고등어 등 다양한 물고기들이 삽니다. 전복은 바닷속 바위에 붙어 다닙니다. 땅과 물을 오가며 사는 동물로는 수달, 개구리 등이 있습니다.

3 땅에서 사는 동물 중 다리가 있는 동물은 걷거나 뛰어다니

고, 다리가 없는 동물은 기어다닙니다. 뱀이나 개미는 땅 위와 땅속을 오가며 삽니다. 두더지의 넓은 앞발과 긴 발톱은 흙을 잘 팔 수 있게 합니다.

4 사막여우는 더운 사막에 사는 동물인데, 몸에 비해 큰 귀로 체온을 조절합니다. 북극여우는 몸집에 비해 귀가 작습니다. 작은 귀는 추운 환경에서 체온을 조절할 수 있도록 합니다. 두 동물 모두 귀를 통해 체온을 조절한다는 공통점이 있습니다.

5 땅 위에 사는 동물에는 다람쥐, 너구리, 소 등이 있습니다. 땅속에 사는 동물로는 두더지, 지렁이, 땅강아지 등이 있습니다. 강아지는 땅 위에 사는 동물입니다.

6 이 글에 따르면 하늘다람쥐는 앞다리와 뒷다리 사이에 있는 날개 역할을 하는 날개막을 이용해 나무 사이를 날아서 이동합니다. 이 설명을 통해 짐작할 수 있는 하늘다람쥐의 모습은 (2)입니다. (1)은 귀가 몸집에 비해 큰 사막여우, (3)은 북극여우의 모습입니다.

7 사막여우는 몸에 비해 큰 귀를 가지고 있고, 이를 통해 체온을 조절합니다(①). 또 극지방에서 사는 북극여우와 북극곰의 몸은 흰 털로 덮여 있습니다(②). 낙타의 긴 속눈썹은 사막의 모래 먼지를 막아 주는 역할을 합니다(③). 낙타의 볼록한 혹에는 지방이 저장되어 있어 사막에서 먹이 없이 며칠 동안 생활할 수 있습니다(⑤). ④ 황제펭귄은 물고기를 사냥하기 위해 서로 몸을 맞대고 생활하는 것이 아니라, 체온을 유지하기 위해 서로 몸을 맞대고 생활합니다.

8 '사는 곳에 따른 동물의 특징'과 연관된 내용이면서, 이 글에 제시되지 않은 내용의 질문을 고릅니다. 하늘다람쥐처럼 날개 없이 나는 동물에는 또 무엇이 있는지 궁금해하는 질문은 더 알고 싶은 내용을 묻는 것으로 적절합니다.

어휘 문제

1 (1) '방식'의 뜻은 '일정한 방법이나 형식.'입니다.
(2) '유지'의 뜻은 '어떤 상태나 상황을 그대로 보존하거나 변함없이 계속하여 지탱함.'입니다.

2 (1) 송어는 몸이 비늘로 덮여 있고 호흡 기관인 아가미를 이용하여 숨을 쉽니다. '아가미'는 '물속에서 사는 동물의 호흡 기관.'을 뜻합니다.
(2) 사막여우는 귀가 커서 열이 몸 밖으로 빠져나가 체온을 조절할 수 있습니다. '조절'의 뜻은 '균형 있게 바로잡음. 또는 적당히 맞춰 나감.'입니다.

3 자기가 마땅히 하여야 할 맡은 직책이나 임무를 나타내는 낱말은 '역할'입니다. '강요'의 뜻은 '억지로 또는 강제로 요구함.'으로 적절하지 않습니다.

글의 구조 파악하기

이 글은 사는 곳에 따른 동물의 특징을 분류하여 설명하고 있습

니다. 사는 곳에 따른 동물을 크게 땅에서 사는 동물, 하늘에서 사는 동물, 물에서 사는 동물, 사막이나 극지방에서 사는 동물로 분류하여 특징을 설명하고 있습니다.

1 구상나무 **2** ⑤ **3** 진석 **4** ㉮ **5** (1) ○ **6** 지구 온난화(기후 변화) **7** 생물 다양성 **8** 아영, 하람

어휘 문제 1 (1) ② (2) ① **2** (1) 고유 (2) 습도 (3) 서식지 **3** (2) ○

☑ **글의 구조 파악하기**
① 침엽수 ② 지구 온난화 ③ 습도 ④ 생물 다양성

1 우리나라 고유의 침엽수로, 주로 높은 산에서 자라며 크리스마스 트리로도 사용되는 나무는 '구상나무'입니다.

2 구상나무는 우리나라 고유의 침엽수로(①), 아담하고 원뿔 모양의 독특한 외형을 지니고 있어(④), 크리스마스 트리나 실내 장식으로 쓰입니다(②). 최근 기후 스트레스로 인해 수가 급격히 줄어들고 있습니다(③). 구상나무가 자라는 데는 적절한 습도와 강수량이 중요한데, 지구 온난화로 강수량이 줄어들면서 구상나무의 수가 줄어들고 있으므로, ⑤는 틀린 설명입니다.

3 사실과 의견을 구분하는 문항입니다. '구상나무가 최근 집단으로 죽어 가고 있어.'는 객관적인 사실을 나타내는 문장입니다. '구상나무를 보호하기 위해 지속적인 노력이 필요해.'는 사라지는 구상나무를 위해 노력이 필요하다는 의견을 나타내는 문장입니다.

4 구상나무는 주로 해발 1,000~1,900미터의 한반도 고산 지대에서 자랍니다. 따라서 구상나무가 자라는 곳은 ㉮입니다.

5 ㉠의 뜻은 '살림 따위를 차리고 갖추거나 마련하다.'입니다. (1)의 '꾸미다'는 '살림 따위를 차리고 갖추거나 마련하다.'라는 뜻으로 ㉠과 비슷한 뜻으로 쓰였습니다. (2)의 '꾸미다'는 '어떤 일을 짜고 만들다.'라는 뜻이고, (3)의 '꾸미다'는 '거짓이나 없는 것을 사실인 것처럼 지어내다.'라는 뜻입니다.

6 지구 온난화 때문에 겨울철 눈이 적게 내리고 봄비가 줄어들면서 구상나무가 죽어 가고 있다고 제시되어 있습니다. 북극의 해빙이 녹아내리는 이유도 지구의 온도가 높아지는 현상인 지구 온난화와 관련이 있습니다. 지구의 온도가 변하는 현상을 가리키는 말인 '기후 변화'도 정답으로 볼 수 있습니다.

7 지구 안에 살고 있는 생물 종류의 다양성을 나타내는 말은 '생물 다양성'입니다. '생물 다양성'이 줄어든다는 것은 지구 안에 살고 있는 생물의 종이 계속 줄어들고 있으며, 생물이 살아가는 서식지가 부족해진다는 것을 뜻합니다.

8 이 글과 관련 있는 질문이면서, 이 글에 직접적으로 나타나 있지 않은 내용을 찾도록 합니다. 구상나무가 주로 어느 곳에서 자라는지는 글에 제시되어 있습니다(다희). 구상나무처럼 멸종 위기에 놓인 동식물은 또 무엇이 있을지 질문하는 내용은, 더 알고 싶은 점을 질문한 것으로 적절합니다(아영). 구상나무를 보호하기 위해서 구체적으로 어떤 노력을 할 수 있을지도 더 알고 싶은 점을 질문한 것으로 적절합니다(하람).

어휘 문제

1 (1) '고유'의 뜻은 '본래부터 가지고 있는 특유한 것.'입니다.
(2) '복원'의 뜻은 '원래대로 회복함.'입니다.

2 (1) 한복은 우리나라의 전통 옷으로 빈칸에 들어갈 낱말로 적절한 것은 '고유'입니다. '고유'는 '본래부터 가지고 있는 특유의 것.'을 뜻하는 낱말이며, '외래'는 '밖에서 옴. 또는 외국에서 옴.'을 뜻하는 낱말입니다.
(2) '습도'의 뜻은 '공기 가운데 수증기가 들어 있는 정도.'입니다.
(3) 에델바이스가 살아가는 곳이 점점 줄어들고 있다는 내용이 적절합니다. '서식지'의 뜻은 '생물이 일정한 곳에 자리를 잡고 사는 곳.'을 말합니다.

3 '원래대로 회복함.'이라는 뜻을 지닌 낱말은 '복원'입니다. 이와 비슷한 뜻을 지닌 낱말로는 '복구', '재건', '회복' 등이 있습니다. '회귀'는 '제자리로 돌아오거나 돌아감.'을 뜻하는 낱말입니다.

글의 구조 파악하기

이 글은 우리나라 고유의 침엽수인 구상나무의 특징을 설명하고, 최근 구상나무가 줄어드는 문제점을 지구 온난화와 관련지어 제시하고 있습니다. 또 생물 다양성 위기라는 말을 통해, 이를 해결하기 위한 관심과 노력이 중요하다고 말하고 있습니다.

1 상태 변화 **2** (1) ③ (2) ① (3) ② **3** ③ **4** 예 물이 얼음으로 변할 수 있기 때문이다. / 온도가 낮아지면 물이 얼음으로 변하기 때문이다. / 제설기를 통해 물이 얼음으로 변하기 때문이다. **5** (2) ○ (3) ○ **6** ③ **7** 응결 **8** ④

어휘 문제 1 (1) ② (2) ① **2** (1) 증발 (2) 응결 **3** (1) 제설기 (2) 상태 변화

☑ **글의 구조 파악하기**
① 기체 ② 응결 ③ 물방울 ④ 수증기

1 물이 고체인 얼음, 액체인 물, 기체인 수증기 세 가지 상태로 변하는 것을 물의 '상태 변화'라고 합니다.

2 ㉠ 수증기는 물이 증발한 것으로 기체, ㉡ 물방울은 수증기가 응결하여 생긴 것으로 액체, ㉢ 얼음 알갱이는 고체입니다.

3 자연에서 내리는 눈이 만들어지는 과정은 다음과 같습니다.

> 햇빛에 의해 물이 증발하여 수증기가 됨. (㉣)
>
> ↓
>
> 수증기가 하늘 위로 올라가 물방울로 응결함. (㉤)
>
> ↓
>
> 응결된 물방울들이 모여 구름이 됨. (㉯)
>
> ↓
>
> 구름 속 물방울들이 얼음 알갱이로 변함. (㉰)
>
> ↓
>
> 얼음 알갱이들이 하늘에서 떨어짐. (㉮)

이를 순서대로 정리한 것은 ㉣ → ㉤ → ㉯ → ㉰ → ㉮입니다.

4 제설기를 통해 물방울을 공기 중으로 뿌리면, 물방울이 얼어붙으면서 인공 눈이 만들어집니다. 이처럼 물이 얼음으로 변화하는 것과 관련지어 설명하면 정답으로 인정합니다.

5 자연에서 내리는 눈의 결정과 스키장에서 만들어진 눈의 결정은 차이점이 있습니다. 자연에서 내리는 눈은 하늘에서 땅으로 떨어질 때 수증기가 달라붙어 다양하고 규칙적인 눈 결정 모양이 만들어집니다. 그리고 수증기가 포함되어 있어 발로 밟을 때 뽀드득거리는 소리가 납니다. 반면, 스키장의 인공 눈은 땅과 가까운 거리에서 만들어지기 때문에 눈 알갱이에 수증기가 달라붙을 시간이 충분하지 않습니다. 그래서 눈 결정 모양이 다양하거나 규칙적이지 않습니다. 또한, 눈 알갱이 사이에 빈틈이 거의 없어서 손으로 잘 뭉쳐지지 않습니다.

6 ㉣은 물이 얼음으로 변하는 상태 변화를 이용한 것입니다. ③은 물이 수증기로 상태 변화하는 것을 이용한 예입니다.

7 이 글에서 수증기가 차가운 온도에 의해 물방울로 응결한다고 하였으므로, 수증기인 기체가 액체인 물로 변하는 현상을 응결이라고 함을 짐작할 수 있습니다. 새벽 풀잎에 이슬(물방울)이 맺히는 것은, 새벽 공기가 물방울로 된 것입니다. 차가운 유리컵의 표면에 수증기가 물방울로 변한 현상도 '응결'과 관계가 깊습니다.

8 이 글에서는 물의 세 가지 상태 변화에 대해 설명하고, 자연에서 눈이 내리는 과정과 스키장에서 눈을 만드는 과정을 설명하며 두 눈의 차이점을 비교하였습니다. 겨울에 스키가 인기 있는 이유는 글에 나타나 있지 않으며, 주요 설명 내용과 거리가 멉니다.

어휘 문제

1 (1) '응결'의 뜻은 '온도가 낮아지거나 압축에 의해 증기가 액체로 변하는 현상.'입니다. 기체인 수증기가 액체인 물방울로 변하는 것을 응결이라고 합니다.

(2) '제설기'는 '스키장 따위에서 인공적으로 눈을 만드는 기계.'입니다.

2 (1) 빨래가 햇빛을 받으면 물이 수증기가 되어 공기 중으로 날아가게 되므로 이런 현상과 관련 깊은 낱말인 '증발'이 들어가야 합니다. '증발'이란 '어떤 물질이 액체 상태에서 기체 상태로 변함. 또는 그런 현상.'을 말합니다. '끓음'은 '액체가 뜨거운 열에 의해 소리를 내면서 거품이 솟아오름.'을 뜻하는 말로 '증발'과는 차이가 있습니다.

(2) 공기 중의 수증기가 차가워지면 물방울로 되는 현상을 '응결'이라고 합니다.

3 (1) 인공 눈을 만들 수 있는 것은 '제설기'입니다. '제습기'는 여름철 습기를 제거하기 위해 사용하는 기계입니다.

(2) 물이 고체인 얼음, 액체인 물, 기체인 수증기로 변하는 현상을 물의 상태 변화라고 합니다.

글의 구조 파악하기

이 글은 스키장의 눈이 만들어지는 과정을 자연에서 눈이 내리는 과정과 비교하여 설명하고 있습니다. 이렇게 눈이 내리는 과정을 설명하기 위해 '물의 상태 변화'를 설명하였습니다.

4주 마무리 학습 94쪽

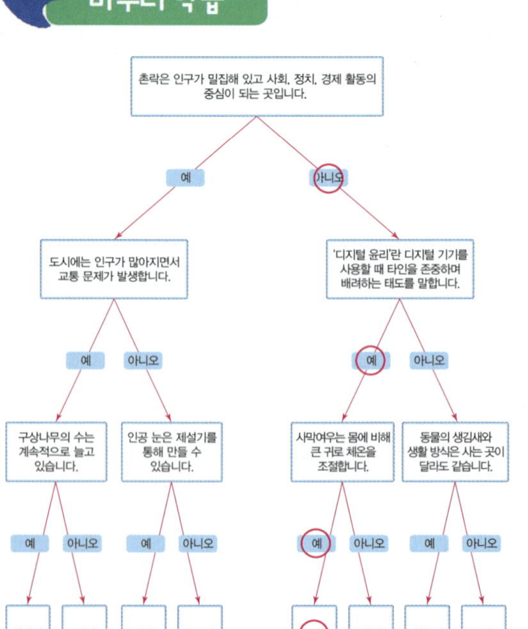

정답 책

4주 완성
독해력
정답과 해설